JN056739

コトの
デザイン

発想力を取り戻す

谷内眞之助
山川修

春風社

目次

はじめに

　本書『コトのデザイン──発想力を取り戻す』は、普段デザイナーがデザインを行うプロセスで実施していることをデザイナー以外の方にも理解できるよう可視化したものです。通常、デザインというと「モノ」をデザインすることと捉えがちですが、本書では「コト」（しくみや関係性）をデザインするためのノウハウをまとめてあります。「コトのデザイン」と「モノのデザイン」の違いを筆者らは図 0-1 のように考えています。

　この図の説明は本文中で詳しく説明いたしますので、ここでは概略だけ触れておきます。図の下段が「モノのデザイン」のアプローチで、上段が「コトのデザイン」のアプローチです。モノのデザインでは、モノから発想して最終的

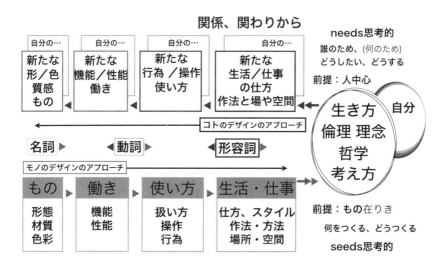

図 0-1　「モノのデザイン」と「コトのデザイン」の違い

に生活に到達しますが、コトのデザインではまったく逆で、自分の生活や仕事から発想を行い、最終的にモノにたどりつく場合もつかない場合もあるということになります。また、自分の生活や仕事を考える上で、デザインをする人の生き方や哲学が重要になります。

　本書は、コトのデザインを教育のなかで活かすにはどうしたら良いか、という問題意識で書かれています。この場合の教育は、学校教育だけでなく社会人教育も含んだ幅広い教育です。そのため、第1章では今教育が向かおうとしている方向性にコトのデザインがどう関係しているかを、OECD Education 2030プロジェクト、U理論、拡張的学習論を解説しながら検討します。第2章ではコトのデザインのプロセスの詳細を説明します。第3章では第2章で説明したコトのデザインを学校教育や社会人教育のなかで実施するためにどのようなプログラムが考えられるかのサンプル・プログラムを複数提供します。第4章ではデザインの基本である「発想」に関して多様な側面から検討していきます。そして第5章はコトのデザインで実施するさまざまな演習を集めた資料になっています。

　コトのデザインと教育との関係を知りたい方は第1章をお読みください。コトのデザインを授業や研修で使おうと考えている方は、第2章と第3章を読まれると概略はつかめると思います。また発想にご興味がある方は第4章を読まれると良いでしょう。第5章にはコトのデザインの演習の詳細がありますので、授業や研修でコトのデザインのプログラムを実施する場合だけでなく、個人でアイデア出しをしたい場合などにも利用できます。

　本書は、谷内と山川が実施した学生向けの授業や社会人向けの講座における共同研究の成果です。出版にあたっては、福井県立大学の個人研究推進支援（出版・論文投稿支援）の助成を受けており、厚く感謝いたします。

　なお、本書には姉妹書として地域の抱えている問題に対して学習者がフィールドワークやグループワークを行いながら解決策を構想するPBL（Project-Based Learning）の設計や運営に関して解説した『ディープ・アクティブラーニングのはじめ方』を上梓しております。そのなかでは、スタンフォード大学のd.school発祥のデザイン思考と立教大学発祥の権限のないリーダーシップを形

成するためのトレーニングの要素を組みあわせて利用し、成果をあげております
ので、あわせてご覧いただけると幸いです。

第1章

なぜ教育にコトのデザインが必要か

　デザインと聞くと形や図案のデザインを思い浮かべる方は多いのではないでしょうか。そうだとするとデザインが必要な分野もあるけれども、そうでない分野も多いというのが一般的な考えではないかと思います。本書で解説する「コトのデザイン」は、モノではなくコトをデザインするところに焦点をあてたデザインの方法論です。コトというのは、非常におおざっぱにいうと関係性です。つまりコトのデザインとは関係性をデザインすることです。私たちの生活は、他者との関係、コミュニティとの関係、組織との関係、モノとの関係など関係を抜きにしては成り立ちません。それゆえ、コトのデザインとは私たちの生活すべてに関わるデザインであり、すべての人に知っておいて欲しいという願いのもとに本書を世に出したいと思います。

1-1　今後必要となる能力

　現代は、AI の発展が目覚ましく、10 年後には多くの職業が AI に取って代わられ、なくなってしまうという予測がまことしやかに語られています。しかし、技術の発展とともに、ある職種がなくなってしまうということは、産業革命から今まで何度もくりかえされていたことではないでしょうか。そして、人間は新しくつくられた職業に就いて活躍してきました。今回も同様のことが起こることは容易に想像がつきます。
　では、新しい職業にはどういった能力が求められるのでしょうか。確かに決

まったことをいつもどおりこなすという定型の職業は AI やロボットで代替できる部分が多くなっていくことは予想されます。一方、社会や組織に存在するさまざまな問題・課題に対して、まったく新しい切り口でその解決策を提案するといったことは、既存の事例から学ぶ AI にはできない分野です。

　コトのデザインでトレーニングする部分は、まさに、この「課題に対してまったく新しい切り口で課題を定義しなおし、その解決策を提案する」という点です。詳しくは第 2 章以降で、コトのデザインとは何かを解説しますが、本章では、どういった能力が今後必要とされるかを、現在すでに提案されている報告やモデルをもとに考え、コトのデザインとの関係性を見ていきます。

1-2　OECD Education 2030プロジェクト

　OECD Education 2030 プロジェクトは、OECD が 2030 年に必要となるコンピテンシー（能力）に関してまとめたものであり、学習者が未来を生き抜き、世界を形作っていくためには、どのような知識、スキル、態度及び価値観が必要になるのかをテーマとしています。そのなかではラーニング・コンパス（OECD Learning Compass）と呼ばれる象徴的な図がつくられ（図 1-1）、プロジェクトの進む方向を指し示しています。ラーニング・コンパスのキーワードは、ウェルビーイング（Well-being）とエージェンシー（Agency）です。ウェルビーイングは教育の目標であり、学習者が「より良く生きる」ことをめざしています。その実現のために必要とされるのがエージェンシーであり、自分の未来を自分で形づくる主体性と考えられています。そしてラーニング・コンパスでは、エージェンシーには学習者個人のエージェンシーと、仲間、教師、親、地域のコミュニティの間で形成される共同エージェンシーがあるとされています。

　ウェルビーイングを達成するための、変革をもたらすコンピテンシー（Transformative competencies）としてあげられているのは、

　（1）新たな価値を創造する力（Creating new value）

（2）対立やジレンマに対処する力（Reconciling tensions & dilemmas）
（3）責任ある行動をとる力（Taking responsibility）

の 3 つの力です。
　最初の「新たな価値を創造する力」は、イノベーションを起こす力であり、
現状に疑問を持ち既存の枠組みにとらわれずに発想する力です。それはまさ

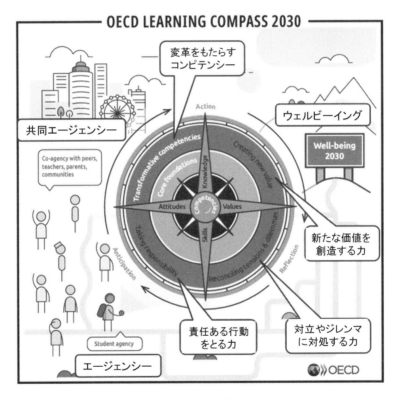

図 1-1　OECD ラーニングコンパス 2030
（http://oecd.org/education2030-project/ より一部改変
（2023 年 3 月 5 日閲覧））

に、コトのデザインで引き出そうと意図している能力でもあります。2つ目の「対立やジレンマに対処する力」は、対立やジレンマに効果的に対処していくためには、1つの視点から観る単眼思考では効果が薄く、そこで起こっていることを複数の視点から観る複眼思考が必要になるという視点です。コトのデザインでトレーニングしていることの1つに、さまざまな観点から現象を眺めるということがあるので、2つ目のコンピテンシーを育成するという点でも、コトのデザインが重要になると考えられます。最後の「責任ある行動をとる力」は、OECDによると、これまでの経験、個人または社会の目標、それまで教わってきたことや善悪に照らして、自らの行動を省察し、評価することとされています。こういったことの基礎には、自分や他者の行動を振り返る必要があり、そのためには批判的思考力や省察的思考力が必要となります。これらの力はコトのデザインで育成する目標とはなっていませんが、共通の基盤となると考えています。

　ここまでの検討でいえることは、OECDがEducation 2030でめざす学習者像を実現するためのコンピテンシー育成に、コトのデザインの方法論は大きく貢献できるのではないかという点です。

1-3　U理論

　U理論（シャーマー 2010）は、オットー・シャーマー博士が提唱した、過去の延長線上ではない変容やイノベーションを個人、ペア（1対1の関係）、チーム、組織、コミュニティ、社会のレベルで起こすための原理と実践の手法を明示した理論です。

　図1-2に、U理論のプロセスを示します。通常私たちは何か行動をする場合、すでに経験があることであれば、過去のパターンを思い出し（ダウンローディング）、そのまま行動を起こします（実践）。図でいうと、一番上の層（レベル1）を左から右に移動する感じです。もちろん、過去の行動で失敗したことがある場合は、多少修正して実践する場合はありますが、基本となるのは過去

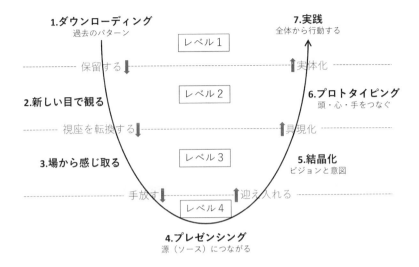

図 1-2　U 理論のプロセス

のパターンであることに違いはありません。

　U 理論では、まず自分自身の探求を行います（図の左から中央に下がっていく部分）。そのなかでレベル 1 からレベル 4 に移っていきます。その後、中央下から右上に上がる部分では、逆にレベル 4 からレベル 1 に移行します。ここでレベルとは内面の状態のレベルと考えられており、下に行くほど（つまり数字が大きいほど）深い意識を感じているといえます。

　さらに、U 理論の進行はステップと呼ばれ、7 つのステップが考えられています。「1. ダウンローディング」、「2. 新しい目で観る」、「3. 場から感じ取る」、「4. プレゼンシング」、「5. 結晶化」、「6. プロトタイピング」、「7. 実践」の 7 つです。このステップを経ることにより、まず、意識変容を起こし（ステップ 1 ～ 4）、そこから行動変容（ステップ 4 ～ 7）につなげるというモデルが U 理論です。

　U 理論とデザインのプロセスはマッチングが良く、デザイン活動はまさに

U 理論が示しているステップを通して、形や仕組みを提供しているということが可能です。本書で解説するコトのデザインは、U 理論のステップでいうと、1 から 5 までをカバーしていると考えられます。つまり、過去からつくられた既成概念を一旦保留し、テーマに関する現状を新しい目で観ることにより視座を転換し、その上でテーマに関係する多様な状況から感じ取ることにより思考を手放し、自分の大切なものだけでなくテーマに関係する人々の大切なものも直感的に理解します。ここまでが、U 理論で下に向かうステップです。その後、プレゼンシングで意識したことをもとに、ビジョンと意図を結晶化していきます。

　U 理論は「出現する未来から学ぶ」というキャッチフレーズで語られることもありますが、これは教育が過去から学ぶと考えている点と大きく食い違います。しかし、前節で説明した OECD Education 2030 プロジェクトでも重要なコンピテンシーとして掲げられている「新たな価値を創造する力」は、過去から学ぶだけでは到達できず、未来がどうあって欲しいか、という未来から学ぶ観点が必要になるのではないでしょうか。そのため、U 理論に沿ってテーマに取り組むコトのデザインも、今後、専門に限らず必要となるスキルではないかと考えています。

1-4　拡張的学習論

　拡張的学習論（エンゲストローム 1999）は、ユーリア・エンゲストロームが提唱している学習の理論であり、行動主義→認知主義（獲得メタファ）→状況的学習論（参加メタファ）→知識創造メタファ、と歴史的に変化してきたと考えられる学習理論の分類のなかでは、最新の知識創造メタファに該当するものです。

　拡張的学習論は、人間の活動に焦点をあてた活動理論の第 3 世代と考えられており、活動の構造として図 1-3 が提案されています。

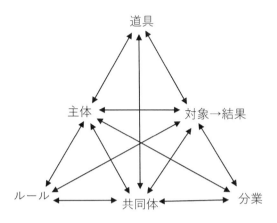

図 1-3　人間活動の構造

　活動理論の基礎は、「活動は文化的に媒介されている」と考える点です。これは、活動を、主体－道具－対象の三項（三角）関係で理解するということを意味します。たとえば、木を伐るという活動をする場合、木という対象にノコギリという道具を使って働きかけ、木を倒すという結果を得る、という例だとわかりやすいかもしれません。活動理論が想定する道具はモノであるとは限らず、形がないもの（たとえば言葉）も道具の 1 つと考えることが可能です。図1-3 が示すところは、人間の活動は、道具だけでなく、共同体、ルール、分業なども活動の分析に入れる必要があることを示しています。

　拡張的学習では、自分たちの集団的活動の新しい対象と概念を構築し、その対象と概念を実践のなかで実行することが「学習」と位置づけられています。そのため図 1-3 で示される、道具だけでなく、共同体、ルール、分業に関しても再定義しながら、新しい活動を創造していくことを目的としています。これは、グレゴリー・ベイトソンがいう学習Ⅲ（第三次学習）とダブルバインド（ベイトソン 1986）という考え方に影響をうけており、エンゲストロームは「個人

的な行為だけでは解決できない社会にとっての本質的なジレンマ（ダブルバインド）が駆動力になり、新しい活動の形態を創発させることができる」という説明をしています。そして新しい活動を創発させるという点が、いままでの枠組みを変革する学習という意味で学習Ⅲに相当すると考えられます。

　この視点で考えると、拡張的学習や学習Ⅲは、従来の講義のような教えられたものを覚える学習や、PBL やアクティブラーニングのような決められた枠組みのなかでいろいろと試行錯誤する学習を超え、今、自分たちが所属する枠組み（活動）を変革し、新しい枠組み（活動）を生み出すような学習と位置づけられます。これは、OECD の Education 2030 で示されているキーワードのエージェンシー（自分の未来を自分で形づくる主体性）に相当し、拡張的学習のなかでは、エージェンシーは必ずしも個人に属するものではなく、活動システム全体から生み出されるものとされています。これは、Education 2030 で示されている共同エージェンシーと通じるところがあります。

　さて、拡張的学習論とコトのデザインの接点ですが、「多様な視点」と「常識を疑い自由に発想する」の 2 点があげられます。コトのデザインの「多様な視点」は、テーマに関して、それに関わる個人だけでなく、共同体、生活環境、社会環境、自然環境、歴史的背景といった多様な視点から検討を行うことを推奨しています。これは、拡張的学習論では図 1-3 の多様な三項構造を考慮していることに相当します。「常識を疑い自由に発想する」という点は、現在の活動が所与ではなく、変更可能として、新しい活動を提案することにつながるので、まさに学習Ⅲにつながる考え方です。このようにコトのデザインの思想と方法は、重要な点で拡張的学習と同一の方向をめざしていると考えて良いようです。

1-5　未来の教育に向けて

　コトのデザインは、私たちが抱えている課題や問題に対して「まったく新しい切り口でその解決策を提案する」考え方とそれをトレーニングする方法論で

すが、それがなぜこれからの教育に必要かを、OECD Education 2030 プロジェクト、U 理論、拡張的学習論との関係で説明しました。

　この 3 つの理論および報告は、まったく違う文脈で提案されていますが、共通点があるように思います。たとえば、拡張的学習をエンゲストロームは「学び手はいまだここにない何かを学ぶ」と表現しており、これは、U 理論がいう「出現する未来から学ぶ」という考え方と同じ方向であることがわかります。拡張的学習論のなかでは「変革力のあるエージェンシー」が重要な構成要素の 1 つとして取り上げられており、さらに拡張的学習の結果としてエージェンシーが形成されると考えられています（エンゲストローム 2018）。そしてこのエージェンシーは OECD Education 2030 プロジェクトのキーワードの 1 つとなっています。

　このように、この 3 つの理論および提案は、未来の教育や学習に関して同じ方向を指し示しており、コトのデザインは、その方向に進むための 1 つの方法論になるだろう、というのが本書で伝えたいことです。

第 1 章のまとめ

(1) コトのデザインのプログラムが目標とする「課題に対してまったく新しい切り口でその課題を定義しなおし、解決策を提案する」は、今後必要となる能力です。

(2) OECD Education 2030 プロジェクトで目標とされているウェルビーイングを支える 3 つのコンピテンシー育成に、コトのデザインの方法論は貢献できると考えられます。

(3) U 理論のステップとコトのデザインの方法論はオーバーラップするところが多いです。

(4) 拡張的学習論とコトのデザインのめざす方向性は一致しています。

第2章

コトのデザインとは

2-1 designとは

　通常、デザインと聞き皆さんが考えるイメージと、コトのデザインの間には
おそらくギャップが存在します。この章では、まずデザインとは何かを検討
し、その後デザインの2つのアプローチ（モノのデザインとコトのデザイン）を
簡単に説明します。デザインに関して人々が抱くイメージは、多くの場合モノ
のデザインであることに気づかれるでしょう。こうして、デザイン、モノのデ
ザイン、コトのデザインに関しての大枠を理解した上で、コトのデザインの詳
細なプロセスおよびステージを説明していきます。その際、たんなるやり方で
はなく、その考え方、発想のポイントをていねいに解説します。特に発想の起
点としての「自分のデザイン」という視点は、読者の方に新鮮な驚きを得ても
らえるかもしれません。

　さあ、コトのデザインの世界の旅をはじめましょう。

2-1-1　デザインという、ことばから考える

　私たちにとってデザインとは何でしょう。デザインから何を連想し、どのよ
うなことを思いつくでしょうか。デザインから思いつくことは、ファッショ
ン、家具、雑貨、インテリア、ポスター、マーク、模様、自動車、住宅、庭
園、街づくり、造形、設計、計画……そのほか人物や固有名詞などもあるで
しょう。粋やおしゃれ、格好よさなどが浮かび上がるかもしれません。また、
グランドデザイン、ユニバーサルデザイン、サスティナブルデザイン、キャリ

アデザインなどもあります。

　一般的にデザインに対する認識は、色や模様、物の形状ではないでしょうか。ところで、サスティナブルデザインやキャリアデザインでのデザインを色や形、意匠や造形で和訳すると「持続可能な色や形」「経験の意匠」となり理解に苦しみます。なお近頃、デザイン都市をはじめ、企業や組織のデザイン、授業のデザインなどという言葉もよく耳にするようになってきました。広範囲に使われているデザインという言葉から、デザインは多様な意味を持っているように思われます。しかし、いろんな言葉にデザインが付くと、デザインをなんと訳せば日本語として解るのか、困惑してしまいます。

　さて、特に意識せずデザインという言葉を、私たちは使っています。日頃、言葉の意味や定義を明確にしたりすることはそうないですが、ここで、ちょっと立ち止まって、デザインの意味を調べてみると何がわかってくるのかを考えてみます。

2-1-2　design の翻訳から考える

　デザインを広辞苑（第6版）で調べてみると、

① 下絵。素描。図案。
② 意匠計画。製品の材質・機能および美的造形性などの諸要素と、技術・生産・消費面からの各種の要求を検討・調整する総合的造形計画。

と記述されています。

　ところで、キャリアデザインのデザインは下絵や図案でも、総合的造形計画でもないでしょう。キャリアデザインは文字が読めてもその内容が広辞苑からの解釈では分かりません。では、英和辞典で design を日本の言語に何と訳しているのかを研究社英和中辞典で調べると、以下のとおりです。

1. 図案、模様、下絵、下図、素描、設計図
2. 設計、意匠

3. 計画、企画、構想

4. 意図

pl. 陰謀、たくらみ、下心

　この訳から考えると、キャリアデザインは経歴や経験、職業の「構想、企画、計画、設計」を当てる（訳す）と納得がいきます。

　改めて design の和訳から考えてみると、通常私たちの思い浮かべるデザインは 1. もしくは 2. の訳ではないでしょうか。英語の design には、計画、企画、構想そして意図という意味まであって、幅広い内容を包含しているのです。蛇足になりますが、design の複数形は陰謀やたくらみ、下心になってしまうようです。

　さて、訳語 4. の意図や 3. の構想・企画・計画は、他人には見えず、わかりづらいものです。一方、1. の素描や図案などの訳は、見ることができるものであって、わかりやすいものだと言えます。翻訳からデザインとは、意図の図案や素描、すなわち「しようとする考えの具現化・具体化」であり、「見えないものごと」を「見えるようにする」ことだと捉えることができます。この**「見えないものごとを見えるようにすること」**がデザインであると言っても過言でないでしょう。まさに思いや考えの具現化・具体化がデザインなのであって、一般的に捉えられている図案や意匠といった内容は、デザインの一部だったのです。

　デザインは「意図を明確にして表すこと」、言い換えると「意図をわかるように表現すること、そしてそのプロセスを考えること」です。このように本来の design の意味と本質を理解できると、デザインの使い方や在り方がわかります。

2-2　デザインと企画

　私たちの身近には、デザインだけでなくさまざまな企画があります。イベン

トや商品、事業、開発や地域おこしなど、企画は多岐にわたります。仲間との旅行を考えること、自身の経歴書を作る場合にどのように書いたら良いかを考えることも企画です。通常私たちはさまざまな情報収集によってアイデアを練り、企画を作成します。ところで、企画とデザインは使われ方が広く、似ているようで何がどう違うのかと疑問が出てきます。

　さて、一般的には企画を作成してからデザインに入ると考えられています。世間では企画とデザインは別の業務であり、異なった概念として捉えられいて、企画とデザインは別物だと思われているようです。前節「design とは」で述べたように、企画はデザインに含まれています。では、私たちの認識している企画とデザインはどのような関係にあるのでしょうか。

2-2-1　企画とデザインの相違

　企画は図 2-1 のように 3 つの分野に大別することができます。1 つは、企業などの組織の企画。2 つ目は、地域の企画。3 つ目が自分の企画です。さて、この企画という言葉をデザインに置き換えると、「組織のデザイン」「地域のデザイン」「自分のデザイン」と違和感なく収まります。

　「○○の企画」と「○○のデザイン」という表現は、同じようですが、微妙に意味合いやニュアンスが違います。その違いは、design の 4 つの訳から考えると理解できます。デザインは対応する範囲や幅が広く大きいです。企画は多くの場合、企画書の作成によって業務を完結させることができますが、デザインは意図に始まり企画から計画、設計、図案と対応範囲と内容が多岐にわたります。design の概念のなかに企画はあるのですが、企画のなかにデザインは含まれていません。

　さて、この 3 分類でデザインを考える要になるのは自分自身のデザインです。デザインでは企業組織や地域おこしなど、人のために考え提案することは大切ですが、人が喜び、満足するであろうデザインや企画を自分自身に置き替えて考えるベースになるのが自分のデザインです。この自分のデザインはアイデンティティにもつながり、対象の人に成り代わって考え、発想する基盤にもなります。そして、自分をしっかり捉えて考え、自分のデザイン（意図、構想）

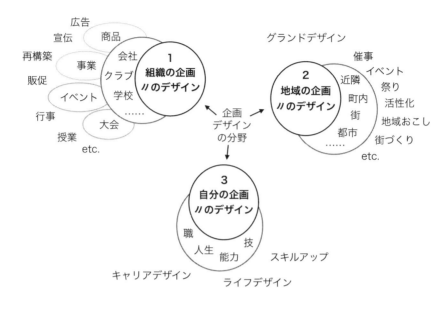

図2-1　企画とデザインの分野

を作り持っていることがキャリアデザインになるのです。

2-2-2　企画とデザインの関係

　かつて多湖輝氏は、企画には「創造性」「論理性」「現実性」の3つの要素があり、企画力はこの3つを併せ持っていなければならないと述べられています（多湖輝 1969）。さて、この3つのなかの創造性にデザインが含まれると一般的には捉えられているようです。論理性や現実性とはややかけ離れたものがデザインだと思われているように感じます。

　ところで、新たな仕組みや考えを提案するコトのデザインは、論理性、現実性がなければ成り立ちません。企画のみならず既存のデザインにおいても、この三要素は大切です。ただし、現実性を重視しすぎると新しい考えや革新性が

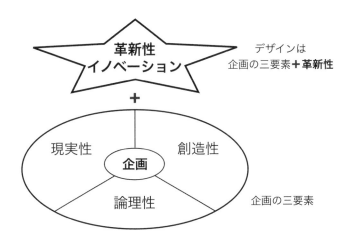

図2-2　企画の三要素＋革新性＝デザイン

　阻害されかねません。デザインの思考活動は、古い物や伝統を否定するのではなく、温故知新を含めて新しさや革新性を追求することなのです。その追求は、奇を衒ったり、奇抜を求めるのではありません。デザインは、常に新しさを意識して思考する活動です。

　図2-2には、企画の三要素に革新性を加えています。創造には新しいものをつくる意味も含まれていますが、デザインをイノベーションと関連づけることで、デザインと企画の関わりが把握でき、位置づけが明確になります。なお、革新性を持ち三要素を満たしていても、理屈ではなく心に伝え・響き合う感覚や感動の要素がなければ、納得しづらいものです。響き合いのベースになるのがデザインでのイメージ作りと誰もが持っている気づきや日常での喜びなどの感動なのです。

◆イノベーション

　「innovation」は技術革新と訳されていますが、シュンペーターの定義には、

プロダクト・プロセス・マーケット・サプライ・オーガニゼーションの全てに
イノベーションが付加されています。一挙にこの定義全てを革新することは現
実的には不可能に近く、無理があることでしょう。5つのなかのいくつか、1つ
でも新しくしていくことでイノベーションが生み出せるのではないでしょうか。

　新しいを生み出すデザインは、社会や組織の期待に応えるべく、さまざま
な物事に目を向け、世にないもの・革新性をめざしています。ある面でデザイ
ナーは常に新しいものを作り出さねばならないという宿命を帯びているかのよ
うであり、常にイノベーションを意識しているといっても良いかもしれません。

　常に新しさを追及するデザインは、このイノベーションを理屈ではなく身体
知として感覚的に持ち合わせているのだともいえなくもないです。そのベース
の1つにデッサンや基礎的造形の訓練があります。デッサンで例を述べると、
同じ石膏像を1〜2週間描き続けます。一見すると同じ像ですが、何かしら
の感動や新しさを見つけて描かなければ、良いデッサンは描けません。100枚
ほどデッサンを描くと、その時間と経験からテクニックが付いて上手く描ける
ようにはなりますが、感動や納得のいく作品になるとは限りません。同じ石膏
像であっても感動や新しい発見を探し出し、見つけなければ好いデッサンには
ならないのです。基礎訓練のごく一部ですが、観察して思考をしなければ前に
進めません。このような修練と鍛錬がデザインの思考のベースになっていま
す。

　ところで、どんな世界の人でもデッサンを描くのと同じような修練や鍛錬を
経ているはずです。スポーツの基礎練習、語学の反復訓練、科学での実験のく
りかえしや技術開発など、観察、感動、発見からの思考はあらゆる分野に通底
するものだと思われます。

2-3　コトのデザインとは

2-3-1　デザインの2つのアプローチ
　コトのデザインは、新たな仕組みをつくるデザインの考え方です。あるい

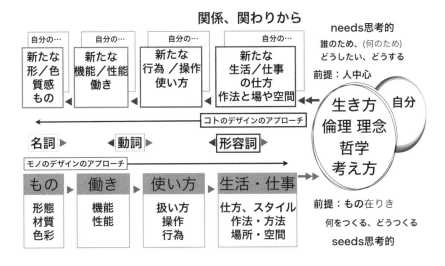

図2-3　デザインの２つのアプローチ

は、イノベーションを生み出す思考のデザインであると言ってもいいかもしれ
ません。一般的にデザインは、ものの形や図案を作り出し、提示・提案するこ
とである思われています。コトのデザインは、色や模様、形を追及して制作す
ることが主目的ではなく、通常認識されているデザインのように素晴らしい形
や色を作り出す能力は不可欠ではありません。

　デザインのアプローチ図2-3では、モノのデザインとコトのデザインのアプ
ローチ方向の違いを図中の長い矢印で示しています。その違いは、デザインを
考え始めるスタートの起点です。

　図は左から［もの］［働き］［使い方］［生活・仕事］で右側は［人］です。
そして、右端が［自分］になります。人には「生き方、哲学、考え方」があり
ます。人の背後の［自分］にも当然ながら自分自身の生き方や理念、考え方が
あり、コトのデザインでは、この［自分］が重要だと考えています。デザイン

は、他人のことを想定する場合が多いですが、課題を他人事として捉えるのではなく、他の人に成り代わって発想する視点が大切です。自分だったらどうなのかと考えることで、よりリアルに問題を捉えることができるからです。

2-3-2　モノのデザイン

　モノのデザインは存在する物、すなわち「もの在りき」で始まります。ものには形、材質、色彩などがあり、次にその働き、機能、そこから使い方や行為へ考えが広がっていきます。そして生活や仕事の仕方へと視野を広げていく思考パターンをとります。図2-3でのこの左から右へのアプローチは、いうならばシーズ（seeds）的な思考です。いわば、技術や素材を前提に「何をつくるか」「どうつくるか」が先行するといえます。

　このモノのデザインのアプローチは、日本の産業経済が右肩上がりで、大量生産の工業化が進んだ高度成長期の時代に培われてきたといっても良いでしょう。

2-3-3　コトのデザイン

　一方、コトのデザインのアプローチ起点は逆に図2-3の右側、自分を含めて人からです。スタートは「人中心」で暮らしと生活から考えます。人の生き方、言い換えると倫理、理念、哲学、考え方を踏まえ、生活人が「どうしたい」「どう在りたい」といった視点から始め、「誰のために」「何のために」などの見解を含めた、いわばニーズ志向的で人を起点にした考え方がベースです。生活している人の生き方や考え方を主体的、客観的に、かつ、多様な関係、関わりから捉えていきます。場や空間を含めて新たな［生活や仕事の仕方］、そこには新しいどんな［行為や操作、使い方］があればいいのか、そして［機能や働き］から、なお必要ならば［もの］へと分化進展させていきます（ここでいう「人中心」は人間中心主義ではありません）。

　コトのデザインは、新たな仕組みや考え方の仮説を構築し、提案することであり、必ずしも［もの］にとらわれる必要はありません。何に焦点を合わせてデザインするのかは、生活や仕事の仕方から場や空間、使い方から行為など広

範囲に及びます。当然、問題や課題は多岐にわたり、多種多様で千差万別です。よって、問題の本質を確認するために、提起された問題を改めて見直すことが必要になるのです。問題を多様な視点で観察し、観察情報の収集から考察を通じて、問題の本質を探り出していかなければなりません。

　問題の本質だと思うことを見つけても、これまでのように手本となる解決や解答事例がない時代です。どう解決すれば良いのかが明確にはない状況にあるともいえます。

　さて、デザインやアートは常に新しさを追求していますが、答えや正解はありません。自分自身で解き方を考えて答えとなる作品を作り上げていかなければならない訳です。問題、課題の本質を見つけ出し、その解き方と答えがコトのデザインでの仮説設定、仮設立案に相当します。このように、コトのデザインは考えを練り上げていくプロセスがポイントになってきます。

　考え方の提示に確かなデッサン力や描写力（造形的表現力）は必ずしも要するものではありませんが、提案内容によっては完成予想図や造形表現があった方が好い場合もあります。たとえば新幹線の車中で、出来立ての美味しいコーヒーを「味わいたい」または「提供したい」コトのデザインをする場合です。提示するデザインの意図を言葉や図解だけでは説明しきれないとか、明確に伝えられない状況では、魅力的なイメージやアイデアのスケッチ、モデルなどの形のあるモノが有るに越したことはありません。また、入浴のデザインを考えて提案するような場合、考え方を述べると同時に空間や場に物を含めたモデルやスケッチなどを提示をしたほうが分かりやすく、提案を伝えやすいこともあります。

2-3-4　コトのデザインで利用する表現

　図 2-3 の中段には、名詞、動詞、形容詞という単語が配置されています。これは、デザインの 2 つのアプローチで利用する表現が異なるためです。いわゆるモノ（物）を考える場合は名詞が主体ですが、モノ（物）ではない働きや操作を考える場合は動詞を利用し、生活や仕事の仕方を考える場合は形容詞（抽象名詞の場合もある）を利用するのが都合が良いためです。モノのデザインは名

詞ですが、コトのデザインは、形容詞や動詞からのアプローチで捉えて考えます。

　例を挙げると、「椅子」のデザインと「座る」をデザインするのとではどう違うでしょうか。これに「のんびり」「しっかり」「ゆったり」「楽しく」などの形容が付いてくると、想像するイメージや考える視点が違ってきます。「椅子」のデザインは言うまでもなく物ですが、「座る」とか「のんびり」のデザインでは、椅子はあくまでも選択肢の1つです。どのようにのんびりしたいのかとか、どんな風に座るのか、誰が、いつ、どこで、などを考えるのは当然ながら、「なぜ」「どうして」と問うことが重要です。つまり、暮らしの状況から生活している人の嗜好、考えや意図がわからないと対応策や解決案を練ることができません。コトのデザインは、この「なぜ」「どうして」などの問いを常に持ちつつ、疑問をクリアーしていかなければならないといえます。

　モノとしての「椅子」であっても、5W1H的な基本を抑えなければなりません。ましてや「座る」「ゆったり」「くつろぐ」をデザインするならば、暮らしと生活、使う人の考え方や思いを観察・把握するだけでなく、咀嚼し、考察していかなければ答えることはできないのです。この考察から、どのような文言の表現がふさわしいのか、キーワードとして表現できる動詞や形容詞を探りだします。この探り出すプロセスが、シーンの想像につながります。このシーンの想像へのプロセスは、イメージからことば、ことばからイメージの想像であり、イメージとことばとの連続的な連想と変換によってシーンが明確になってきます。この段階の過程は、さまざまなシーンが思い浮かび、簡単に結論を見出せずに混沌としており、しんどいですが、デザインを考える面白さや楽しさを得られる処であり、仮説づくりの根幹です。

2-3-5　コトのデザインの身体知化

　コトのデザインでの問題解決への第一歩は、五感での観察、把握であり、その咀嚼による問題の理解です。理解を深めるためには、対象となる暮らしと生活の場や空間はもとより、人の動きやしぐさにも目を向けます。注意深い観察からエンパシー（empathy）も必要です。エンパシーとは、他人の感性や意見の

共有・共鳴のシンパシー（sympathy）とは異なる感情移入であり心情を汲むことです。この共感発想は、感覚と論理を併せ持った想像であって、対象の人に成り代わって発想し、思いを巡らす思考です。共感からの思考は、新たな視点や斬新な考えの発掘なので、常識や実現性や効率にとらわれないようにします。こうして、理想や夢を思い描き、あって欲しい状況や状態のイメージを構築していきます。

　並行して、解決策に関しても想像力を働かせて、あって欲しい姿と現実をつなぎ合わせ、どうすればイメージする理想に近づけるかを考え合わせます。これには、現状から探究的にボトムアップさせる考えと規範的な夢やビジョンからブレイクダウンさせる二方向の視点 (図 2-18 参照) があります。この一見相反する 2 つの方向からデザインを考えていきます。すなわち、ギャップを埋めていくのです。

　ここまでの活動と思考を通じて解決ポイントが明確になってきます。結果的にキーワードが整理され、解決に向けたコンセプトやドメインにスローガンと思われることばも浮かび上がってくるのです。

　さて、この一連の流れと思考のプロセスがコトのデザインの概要ですが、このプロセスは技法や手法ではなく、体感と思考を併せ持つ創造活動（しつらえ）のノウハウです。このノウハウには形式知的なマニュアルや解答はなく、経験や体験によって身体知化できて初めてわかってくるものです。知識としてでなく身体的にわかるするようにする 1 つ目の方法は、コトのデザインのアプローチの仕方をいつも意識することです。2 つ目は応用・活用を心がけて日々実践していくことです。

2-4　コトのデザインのプロセス

2-4-1　デザインのプロセスとステージ

　図 2-4 はデザインのプロセスを表しています。左側の丸で囲った［観る・練る・創る］の 3 つのプロセスは、デザインを行う上での思考と内容を要約し、

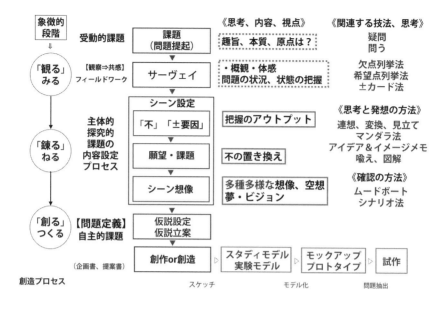

図2-4　デザインのプロセス

象徴的に表現したものです。

　一方、矩形で囲ったところは、象徴的3段階を少し詳しくしたプロセスの
ステージを示しています。要するに3段階のプロセスをブレークダウンした
ものです。［課題］から［サーヴェイ］［シーン設定］「仮説設定（立案）」を通
じて、［創作 or 創造］［試作］に至るまでの8段階で、『シーン設定』のステー
ジをもう一段詳しくすると、［不・±要因］［願望・課題］［シーン想像］の3
ステップに分かれ、10段階になります。

　デザインは、この流れの矩形で囲った各ステージを基本的に踏まえていきま
す。各ステージはそれぞれ重要ですが、特に［シーン設定］のステージでは力
を注ぎます。このシーン設定段階での考察・熟考が問題の洞察につながるから
です。洞察によって、解決に至るいくつかの仮説が見出せます。この仮設の設
定・立案がデザインであると言われることもあります。

2-4-2　各ステージの説明

◆課題（問題定義）

　図 2-4 でのプロセスでの最初の問題提起は、いわば与えられた課題であり、受動的なものと言えるでしょう。提起された問題を鵜呑みにするのではなく、問題の主旨や本質が何であるのか、何か隠れていることはないだろうかなどと思いを巡らします。このように問題に対して、素直に「なぜ」「どうして」と問うことからデザインが始まります。この疑問や問いを確認していくのがサーヴェイです。

　サーヴェイは謂わば調査ですが、リサーチとは違い、社会学でいう踏査に近いようです。デザインのサーヴェイは、「観る」から感じることをスケッチで描くことが基本（文字でのスケッチも含む）です。デザインでは Survey（サーヴェイ）の意味の「見渡す、概観する」を重視しています。それは、路上観察から生活全般をスケッチする考現学の考え方が根源にあるからです。

◆サーヴェイ

　サーヴェイを通じてアイデア・イメージメモを作成します。アイデア・イメージメモは、デザインにおけるデータ・情報収集のサポートツールです。最初のアイデア・イメージメモは、サーヴェイ情報のメモ＝データになります。

　概観するサーヴェイでは、五感で観察して情報を得ます。この観察情報は、直感的な自分の素直な感覚イメージです。そして、観察内容を深めるために、自分が気づき・感じた素直な視点や物事に対して「なぜ」「どうして」なのかを問い直し、その根拠や理由を考えて、思いつくままに記録します（写真や図、絵も含む）。アイデア・イメージメモは量（数）を求めることが重要であり、記入内容の良し悪しを考えたりせず、自分で評価せずに数多く書き出します。

　アイデア・イメージメモの数量を増やすには、時間軸（第 4 章）と連想発想によって気づきを思い出すことです。思い出すには、マンダラ法や BS 法、BW 法が有効な方法にもなります（第 5 章参照）。これらの技法はシーン設定の段階を含めて何度も活用します。

　サーヴェイの記録はスケッチが基本ですが、スケッチは絵で描くだけでなく

文字でのスケッチもあります。また、写真、動画、音などでもスケッチするために、デジカメや携帯などは大いに活用できます。

　サーヴェイで感じたことや気づいたことを捉えやすくするために「不」と「±要因」の視点を持ちます。この視点で現場や対象を概観しながら疑問や問いを探っていると、思いもよらない発見や気づきが出てきます。現場や対象の良いと思うことと良くないこと、すなわち不満や不平、不快、不思議に思うことを見つけていくことです。ここでは、さまざまな不の付く概念を「不」と称しています。この不はマイナス要因でもあるのです。逆に気に入ったり、良いと感じるところがプラス要因になります。

　この不や±要因の外在化が初期のアイデア・イメージメモです。外在化されたメモは、シーンを想像し、仮説を導き出すための自分のオリジナルなデータベースです（アイデア・イメージメモについては 33 ページ 2-5 参照）。

◆シーン設定

　シーン設定の段階は、問題を主体的に探究し、独自性を見出して問題を解くための創造の基盤となるステージです。このステージがデザインを考える要であると言って良いかもしれません。

　通常のデザインではここでスケッチを描き出し、その数は 100 枚どころか 1000 枚を越えます。絵でのスケッチが難しい場合は、図解や写真を使って、イメージを表現します。なお、イメージをことばへ置き換え、感覚を文言や短文で表現することもあります。このイメージの文字表現が文字でのスケッチです。すなわち、サーヴェイで気づいた「不」や「±要因」を含めた言語化です。

　この言語化した言葉のなかから解決に結びつくと思われるキーワードを見つけ出します。次にキーワードから連想し、言い換えたり、見立てたり、逆にしたりするなどのことば発想法を活用・展開していくことで、アイデアやイメージが広がって多様な視点が見つかり、思考の変換につながります。例えば、「不」の逆を考えるとメリットが思いつき、発想のヒントが出てきます。出てきたことはサーヴェイに引き続き、新しいアイデア・イメージメモとして追加

し、貯めていきます。

　アイデア・イメージメモをまずは 10 枚、次に 30 枚、50 枚と増やし、少なくとも 100 枚（種類）を収集したいです。1 枚のアイデアイメージメモに複数のアイデアやイメージを描かずに、1 つの案件を 1 枚にすることに留意すれば枚数と種類は簡単に増やすことができます。

　アイデア・イメージメモを作成しながら連想や発想をしていると、「こうしたい」とか「あって欲しい（ありたい）」「こうするべきだ」という**願望**や**課題**が出てくるものです。この出てきたことも自分のアイデアやイメージであり、新たにアイデア・イメージメモを作って追加していきます。アイデア・イメージメモ作成の 2nd フェーズ（phase）ともいえます。

　これらのアイデア・イメージメモは、この後の解決に向けて、論理構築やコンセプトに関わる独自のデータベースになります。

◆シーンの想像のステップ

　この節では、ステージの説明をしていますが「シーン想像」は「シーン設定」のなかでも、次の仮説設定へ接続する重要なステップなので、別途ここに説明を加えます。

　問題解決の情景を想像することがシーン想像です。シーンを想像するため、貯めてきたアイデア・イメージメモを分けたり、組み合わせたりしながら、自分の思考とイメージを図解にします。この図解は自分が想像している内容の構造化です。この図解の構造は、提起された問題に対する自分の考え方の整理と確認でもあるのです。図解しながら考えていくと思考が整理され、論点やアイデアの関わりを客観視できます。ここででも留意すべきは、結論を急ぎ、早く 1 つにまとめようとしないことです。解決に向けてさまざまな考え方やアプローチがあり、視点を広げておくことは、後の対応の幅や奥深さ、そしてアイデアの質の向上につながるのです。

　シーン想像から仮説設定への思考段階は、順調かと思えば矛盾が出て来て、試行錯誤の連続です。混沌とした状態になることは度々あります。思考がまとまらずに混乱してきたら、しばし時間を置くことも必要です。混沌とした考え

を意識外に放置してしばらくすると、潜在意識から問題の核心やアイデア、新たな課題や願望に気づいたり、閃いたりしてきます。この気づきは、アイデアの孵化と言えるかもしれません（この気づきもアイデア・イメージメモ化です）。

　自分が捉えた構造や願望、課題は夢やビジョンにつながります。閃きや気づきを基に、シナリオやムードボードを作成しながら検討をくりかえしていくと、あって欲しい姿や情景が、徐々に明らかになってきます。思い浮かんだ情景を想像力を逞しくして夢を思い描くことが、シーンを想像することなのです。

　シーンの想像は、あこがれを含む理想的で夢のある思考です。この夢にあるシーンを現実的な論理優先で捉え、現実離れしているとか不可能だとか無理だ、無駄だと決めつけてしまうことは、自分の思考や発想を否定していることになりかねず、新たなデザインの創造が難しくなってしまいます。デザインで想像や空想する思考を大切にするのは、イノベーションを生み出すキッカケやポイントになるからです。

◆仮説設定・仮説立案

　仮設設定（立案）は第三者に伝えることが目的の１つでもあるのですが、まずは、自分の思い描くシーンを自分自身で見ることができてわかり、確認できるようにすることです。確認、納得を経て初めて、主体的な問題定義の完成となって、仮設立案になるのです。この仮説が独自性のあるテーマであり、独創的な提案が可能になるのです。

　シーン設定のステージで作成してきたデータ資料は、膨大な量になっています。アイデア・イメージメモ、連想してきた内容、図解、ムードボードなどが提案のデータ資料です。それらのなかには、コンセプト、ドメイン、スローガンに充当するものがあります。すなわち、仮設の考え方、提案する領域、訴求内容の言葉などを選び出せます。不十分な場合は、再度ことば発想（語呂あわせ、言い換え、見立て、逆）をしながら整理し、まとめるとプレゼンテーション資料の完成です。

2-4-3　デザインプロセスでの注意点

　一般的に捉えられているデザインは、図 2-4 の仮設立案後の創作（創る）か
らのステップ、すなわち、絵や図、物、色、形にするところです。この創作の
段階も考える時間は必要です。現実のデザインでも、問題提起（課題）の確認
把握から仮説作りまでの思考作業は必要不可欠であり、かなりの時間と労力を
要します。

　デザインを考えるプロセスの各ステージでは、結論をすぐに出そうとした
り、早くまとめようとはしません。そして解決につながるアイデアは 1 つで
はなく数多くあり量を求めます。量を出すには、連想から出るアイデアの良し
悪しなどの評価をしないで全て出すことです。この一連のプロセスはデザイン
を考える暗黙知であり、ノウハウ（know-how）です。ノウハウを身につけるに
は、形式知と同時に、ケーススタディを含めた実践、体験、体感を通じての身
体知化が必須です。身体知の習得は日常から意識して応用・活用することで不
可能ではありません。プロセスは過程・経緯・道筋です。結論や答えを急ぎ求
めることなく、発想と考える経緯を楽しむことができれば、結果として良い解
決案や策が見出せ、満足や納得に至ります。ひいては、デザインを考える楽し
さに喜びや幸せにもつながってきます。

2-5　アイデア・イメージメモ

　デザインのプロセス（図 2-4）のシーン設定での第一歩がこのアイデア・イ
メージメモの作成になります。ここで、アイデア・イメージメモの役割、必要
性、そして作り方、使い方の紹介をしたいと思います。

2-5-1　アイデア・イメージメモとは

　アイデア・イメージメモとは、簡単にいうと、発想からの気づき・思いつき
の記録です。メモの記録作りはサーヴェイでの五感による気づきが出発であ
り、このアイデア・イメージメモは Survey Note とも称しています。

図 2-5a　アイデア・イメージメモシート（A4 版）

　この記録をためていくことがデザインを考えるデータベースになります。なお、このメモを 100 種類（枚）ほど作成して、初めてデザインのデータとしての活用が有効になるので、数を集めて貯めることがポイントになります。

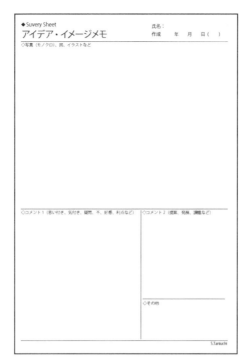

図2-5b　アイデア・イメージメモシート（A5 版）

　さて、図 2-5 の a と b に提示した 2 種類のメモシートは、ものづくりの開発デザインに携わっていた頃の書式をリメイクしたものです。図 2-5a は A4 サイズで、図 2-5b は A5 です。分類表示内容も多少異なっています。最終的には、目的や自分に合った書式作成がベストです。

【時間】
5 分程度（1 枚）、30 分程で終了。
【準備物】
アイデア・イメージメモシートと筆記具。
【進め方・作り方】（各フェーズは、90 ページ図 4-3 参照）
はじめに、タイトルと作成期日を記入。テーマ・タイトルは、後々の確認

や整理のために必ず記入し、作成期日に時間を含める場合は、朝・昼・夜の時間による情報の違いを想定してです。

［1st フェーズ（ph1）］

① サーヴェイからタイトルを含め気づいた物事を記入。そして、シートの記入部分の一番広い場所には、テーマ・タイトルに関するイラスト・写真・図解など、できるなら一目で分かるビジュアル化した表現が好ましいです。当然文字も入ります。内容によっては文字でのスケッチもありえます。後で記入したり、付け加えたりすることもよくあります。

最初のステップでは、サーヴェイによる観察から気づいている「不」「±要因」をタイトルだけでも片っ端から書き出していくことが量を作るキッカケです。

② 目的、ポイント、場所、展開、問題点などは、①のタイトルやビジュアルの補足内容を記入しますが、すべてのエリアを埋め尽くす必要はありません。後で思いついたり気づいたら記入すれば良いです。ほとんど文字で書くことがない場合もあります。

特に、展開や問題点は後で記入することが多いです。さて、1つのシートを作成しつつ、問題点や課題に気づくものです。気づいた場合は、即記入します。展開も同様です。また、問題点・課題のマスには、新たに確認したい（すべき）ことの記入も含みます。

③ 1枚のアイデア・イメージメモシートの作成時間は、内容や意味の有無などを深く考えないようにするために、3〜5分で終えます。30分で5枚を休憩を挟んでくりかえすと10枚（種類）は容易に作成できます。

現場観察のサーヴェイから「不」「±要因」は、通常100種以上得ることができるので、アイデア・イメージメモ100枚は、誰でもが比較的簡単に集めることが可能な量です。しかし、まずは小一時間で10枚（種類）を作成します。この段階は、意識して論理的に考えず、自分の五感で得た感覚を優先することです。

［2nd フェーズ（ph2）］

アイデア・イメージメモシートを少なくとも10枚以上30枚程度作成でき

ている前提です。

① 作成したアイデア・イメージメモを全て見回して、いくつかキーワードを抽出します。

　キーワードは、提起された問題に対しての願望や課題です。ここで言う願望は自分が「〜でありたい」「〜したい」、課題とは「〜であるべき」「〜すべき」という内容で、端的な言葉です。

② このキーワード自体もアイデアやイメージでありメモシートにしていきます。自分が「〜したい」「〜すべき」と思う内容です。

③ キーワードから発散思考へ入ります。

　キーワードをことば発想法（語呂あわせ・言い換え・見立て・逆）によって変換するとイメージが広がり、さまざまな新しい視点が出てきます。この視点や思いつきを、ph1同様にアイデア・イメージメモにしていきます。

④ 解決できそうな考え方や方法と思える閃き、すなわち、インスピレーションが出ることもあります。これもシートに作成していきます。注意すべきは、ここで結論化に向かわないことです。閃きは多くのアイデアの一部だからです。このステップでのアイデア・イメージメモは、ph1の段階よりも感性や感覚に付随して、少し理屈や論理が入ってきます。

［3rdフェーズ（ph3）］

このph3は、アイデア・イメージメモを作成し出して1〜2週間ほどの時間を経てからになります。作成したシートを時折見ては、気づきの記入、作成シートからの連想や閃きから新たなアイデア・イメージメモが追加されて来た段階です。少なくとも50〜60枚、人によっては100枚（種類）ほどメモシートが貯ります。

① まず、集まったシートのデータをじっくり眺めて、分類し、その分類がわかるようにタイトルをつけます。

② 集めたメモは、自分の視点で発想し、蓄積してきたデータです。このデータを構造化しつつ、情報の整理収斂に向かいます。

　はじめにph2でのキーワードやデータのタイトルを含め、核になる内容

を表すキーワードを選択します。新たに作り出すこともあります。

③ キーワードからアイデアやイメージの関連や関係、関わり方を図解しながら問題や課題の構造を考えます。適切なキーワードを導き出すためにここでもことば発想による発散思考は必要です。

図解はトライネット、ラジアルチャート、マトリックスなどの他、納得できて、理解・整理しやすい方法を使用します。

思考の視覚化はムードボード作成をして、ビジュアル表現してみるのも1つの方法です。図解と並行して作成することもあります。

④ 図解や写真などのビジュアル資料を新たにアイデア・イメージメモにしていきます。

この段階でのメモシートには、考え方、論理が入り、アイデアとしての質のあるものも出てきます。

【各ステップ終了後】

仲間がいれば、お互いに見せ合いながら、不思議に思うことや疑問、関連や連想内容を話し合い、意見交換し合います。結論的な発言や良し悪しは述べず、問うことによって新たな発想を促します。

【留意】

アイデア＆イメージメモ作成は一挙に量を作ろうとしないことです。まずは5〜10枚（種類）作成し、思いついた時に作成します。数日・数週間の時間を置いて50枚、100枚と増やしていきます。

1枚のアイデア・イメージメモに、複数の案を書き込まず、1枚1案にします。1つの案を書いていると、新たな問題や課題が必ず出てくるもので、その新たな気づきは、常に別のシートを準備しておいて記入します。

キーワードのアイデア・イメージメモ化では、その言葉（キーワード）からの連想され、思いつくイメージを図やイラスト、写真、文字のスケッチを含めて、できるだけ記入するようにします。

このアイデア・イメージメモも、最終的なまとめの作成ではありません。観察からの発想、発散思考からの多種多様なイメージやアイデアの収斂です。このことを常に意識していないと、早くまとめようという気持ちが先

走りし、思考の熟成ができなくなります。

このシートは、自分の発想と思考のイメージ・アイデアの外在化で、後に見てわかるようにする記録データです。

【展開】

このアイデア・イメージメモの作成では、メモシートを書きながら、「もし〇〇だったら」と提案や解決案も思いついてくるものです。この思いつきは、あくまでも1つの案であって、最終的結論ではありません。この思いつきが重なっていくと、解決策に結びつきそうな「ありたい願望や夢」「あるべきだと思う課題」が見えてきます。ここで、アイデア・イメージメモ作成のフェーズ2の段階です。願望や課題も1つではなく、複数出てきます。その内容は新たなアイデア・イメージメモになります。ここまで発想展開が進んでくると、これまでのメモの考察から、想定されるシーン、情景がかなり明確になってきます。明らかになってきたシーンを仮説として想定・設定できますが絶対的ではありません。そこにも、まだ問題や課題はあるものです。その問題や課題に対する発想がフェーズ3のアイデア・イメージメモになります。

ここまでの段階を経てきて、初めて解決に向けた熟成された仮説が可能になります。

仮説づくりはキーワードがあると、やりやすくなります。作成したシートから、解決に向けてのキーワートになりそうだと思うものを常に選び出すことです。いくつかのキーワードを選び出すことで、コンセプトやドメイン、スローガンなどへの活用の可能が見えてきます。

【おわりに】

アイデア・イメージメモシートの書式は、自分自身でつくりやすいように項目を含め、アレンジすることです。発想も自由であり、書式の各部分の表示内容も独自のものを作ることで扱い易くなります。不都合に感じたらどんどん変更しても構わないです。サイズもA4、A5、B5、B6などと柔軟に考えると発想が気楽に面白くなってきます。

問題解決では問題・課題・主題を確認し、何をしたら良いのかが重要で

す。ただし、短絡的結論やべき論や常識を含めた型にはまらないことがデザインでは大切です。デザインでの発想は、幼少期の感覚を思い出し、一時的に効率思考を外すこと、そして、思いを巡らせて創造していく思考を自由にすることです。なお参考までに、アイデア・イメージメモの実例を図2-6a～dに示しておきます。

この各段階の発想と思考のプロセスは、次に述べるパースのいうアブダクション・ディダクション・インダクションのくりかえしです。また、川喜田二郎氏が自らの方法を「混沌をして語らしめる」と説明されている感覚をも秘めています。なお、この方法は「京大カード」に梅棹忠夫氏のこざね法、今和二郎氏の考現学の考え方を含めており、それらが礎であり根源になっています。

 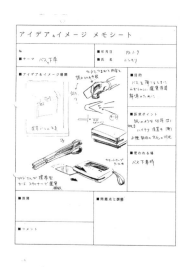

図2-6a　アイデアイメージメモの実例　　　図2-6b　アイデアイメージメモの実例

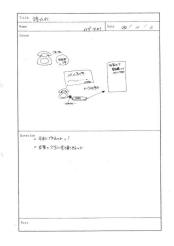

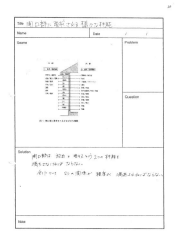

図2-6c　アイデアイメージメモの実例　　　図2-6d　アイデアイメージメモの実例

2-5-2　アイデア・イメージメモからの思考

◆アブダクション

　演繹法（deductoin）と帰納法（induction）は一般的に知られていますが、アブダクション（abduction）の認知度は高くないようです。アブダクションとは、仮説形成（仮説的推論）による発想法になります（パースは晩年期にアブダクションをリトロダクション（retroduction）に置き換えているようです）。アブダクションとは要するに、仮説を導き出す推論（推測）から発想することです。さて、演繹、帰納、アブダクションの３つに分ける思考法はパースの三分論（三分法）と呼ばれています。三分論は創造や問題解決のスタートで「きっと〇〇だろうと」と推測して、演繹と帰納で検証する思考作業をくりかえしていくことから創造に至るというモデルです。科学的探究の三段階としても捉えられています（図2-7）。

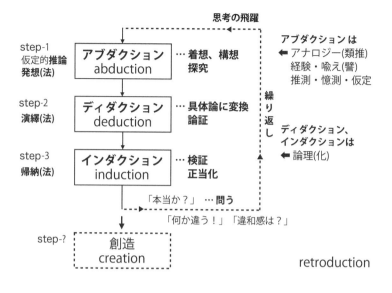

図 2-7　パースの三分論

　この三分論は、デザインプロセスの至る所でくりかえし活用している思考方法です（図2-7）。アブダクションからディダクションを通じてインダクションで検証していくと、新たな疑問や別の仮説（アブダクション）が浮かび上がってきます。そして何度もこの三分論をくりかえし重ねていくと、スパイラルを上がって行くような感じで、徐々に問題が明確になってきます。このモデルのくりかえしが、独創性を培う創造的な思考であり、デザインの思考を実践するためには不可欠です。

ディダクション、インダクション、アブダクションの例

▶ディダクション（演繹法）・三段論法
〈大前提→小前提→結論〉
仮説：犬であるポチは死ぬ。
大前提：動物はみな死ぬ。
小前提：犬は動物である。
推論（結論）：従ってポチは死ぬ
▶インダクション（帰納法）
〈個々の事実 → 観察集取→ 一般原理（理論）〉
仮説：犬のポチはいずれ死ぬ。
実例：犬のクロは死んだ。犬のビルは死んだ。犬のムクもパルも死んだ。
理論（推論）：「ポチはいずれ死ぬ」
　　　　　　　は正しい理論である。

▶アブダクション、リトロダクション
〈現象→観察集取→仮説（説明）〉
現象：犬が吠えている。
法則：人が表に居ると吠える。
仮説：きっと誰かが来たに違いない。
※犬が吠える原因は「散歩の犬」「何らかの気配」「郵便配達」「訪問者」「いたずら」
　などもある。
アブダクションは、ひらめきや想像力の余地が大きい。

◆スパイラルな移行の視点

　図 2-8 は、デザインプロセスでの考えの移り変わり、変化のあり方を表しています。デザインのプロセスでの思考の歩みの各ステージは直線的ではなく、螺旋状に移動して変化していくものであると考えています。
　表示のスパイラル図 2-8 では、デザインの思考と作業段階を探索・発見・把握の三つに簡略化しています。三つにしているのはスパイラルに焦点を合わせるためです。コトのデザインプロセスの文言を使うと、探索はサーヴェイ、発見は「不」「±要因」、把握がシーンの想像が充当します。

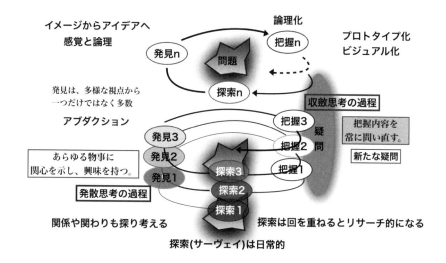

イメージからアイデアへ
感覚と論理

論理化

プロトタイプ化
ビジュアル化

発見n

把握n

問題

探索n

収斂思考の過程

発見は、多様な視点から
一つだけではなく多数

アブダクション

把握3

把握内容を
常に問い直す。

発見3

把握2

疑
問

新たな疑問

あらゆる物事に
関心を示し、興味を持つ。

発見2

探索3

把握1

発見1

探索2

発散思考の過程

探索1

関係や関わりも探り考える

探索は回を重ねるとリサーチ的になる

探索(サーヴェイ)は日常的

図2-8　デザインのスパイラル思考

◆デザインプロセスにおける混乱と視点移動

　提起された問題から本質を探り出し、問題を明確にするため、プロセスを踏まえてデザインの思考作業を進めます。デザインの思考展開は、発想をくりかえし、イメージを膨らませてアイデアを出していくのですが、簡単に納得できる解は得られません。矛盾や疑問が出てきたりしては前後の行き来をくりかえします。デジタル的に解は出てこず、考えもまとまらずに混沌としてきて、堂々巡りしているような感じになることがあります。すなわち、スパイラルを真上から眺めると、考えが同じところを回っているように感じるのです。

　思考プロセスでの視点を変えると、実はスパイラルのように少しずつのぼって考えは前進しているのです。真上からの視点では重なって見えますが、実は別のステージへ移動しているのです。例えば、サーヴェイの探索1から発見1を経て、把握1に至り、そこで疑問が出て、再度サーヴェイで探索2、3とく

りかえしていくと当然、発見も把握内容も変わってきます。探索のサーヴェイは、回を重ねていくとリサーチに近くなってきます。

◆スパイラルに伴う考えや基準の変化

デザインでコンセプトは変えてはいけないと思い込んでいる人がいることがあります。仕事や業務内容によっては、憲法や法律のような変えてはならないコンセプトもあるとは思います。

ところで、問題解決や創造活動では課題（問題提起）が出て解決策としてのデザインを考えていくのですが、その活動のプロセスで多くの疑問やトラブルに遭遇します。この解消をはかるために、初めにコンセプトや基準と思っていた内容を変更した方がより明快になることは、結構あるものです。初めの考え方や決定に固執していると、日々変化する世の中に対応できなくなるのと同じです。スパイラル図2-8の右側の把握というエリアの把握は同じでも、初めの1、2からn回目では把握内容や状況が異なり、考えや基準が変わって行くのが自然であり当然なのです。

このスパイラルでの変化の捉え方は、かつて図面を描くときにトレーシングペーパーを次々重ねて修正するスタイルと同様です。現在ではパソコン上でレイヤーを重ねつつアイデアを修正して完成させていく方法とも類似しており、考え方は同じなのです。

2-6 デザインマネジメント

社会や組織の仕組み・環境・システム・サービスなどのデザインを考える場合、観察するサーヴェイ自体を捉えにくくなります。サーヴェイをやりようがない、あるいはできない課題もあります。そこで、サーヴェイに準じて代替するのがこのデザインマネジメントの視点です。

この視点は、デザインを実践するための情報収集の1つの方法です。デザインマネジメントの観点から情報を捉え直すと、これまでと違った創造性を発

揮できる可能性があると考えています。

2-6-1 デザインマネージメントの図解から

　ここに示しているデザインマネジメントの図 2-9 は、1980 年代のはじめに筆者の友人と考えた案を基に加筆修正したものです（欧米でのデザインマネジメントと同一ではありません）。この図は、企業組織での活動を基本に考えたものですが、地域のデザインであれば「自社」を「町」やそのエリア、「顧客」を

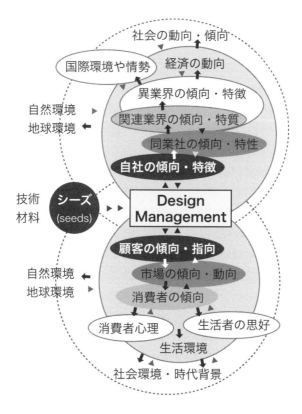

図 2-9　デザインマネジメント

「来場者」などの対象に置き替えて考えることで、サーヴェイによる観察が難しいテーマでの活用が可能です。

　デザインマネジメントの核は、経営情報はもとより自社と顧客の動向や指向、技術や材料などのシーズ情報の取得と確認です。この核となる情報は言うまでもなく企業経営や組織の運営では把握していなければならないものでしょう。さて、図 2-9 の矩形で囲った Design Management の上側の自社のバックには同業他社。その後ろには関連業界から異業界の動向。そして社会や経済の動き、国際環境、ひいては自然や地球環境へとつながっていきます。一方、下側に表記された顧客の裏には、市場や消費者の傾向と動向から生活者の思考、消費者心理、生活環境から社会環境へと広がっていきます。最終的に、この上下への広がり、時代や社会状況、自然・地球環境などは重なります。これらのあらゆる分野において、自分が抱えている問題や課題と関係がありそうな、気になることや思いつくことをメモし、すべてをアイデア・イメージメモ化して貯めていきます。このメモ中には、自分が過去に培ったコンテキストや知識も全て含めます。

　楕円や丸で囲んだ内容の部分から太い矢印で示しているように視野と思考を広げていきます。すなわち拡散の思考です。この拡散からの気づきや思いつきの記録が、サーヴェイの代替であって、情報データの取集なのです。同時に三角は内側に向かっていますが、丸や楕円のエリアで示される外側と内側のつながりや関係も「なぜ・どうして」を考えるポイントで大切なところです。

　このようにして、気づきや思いつきをアイデア・イメージメモとして作成していくと、サーヴェイによる観察とは違いますが、データを収集蓄積できて、シーンや仮説が作れるベースになります。

2-7　デザインプロセスでの発想と思考

2-7-1　混沌、カオスから
　コトのデザインの実践は「発想しながら考え、考えては発想する」を連続的

にくりかえし、この発想と思考の歩みはアナログ的で、1つの段階を終えたら次に進み、前段階に戻らないというデジタル的な歩みではありません。また、Yes-No で物事を捉えたり判断したりせずに、対象の中間的な領域や微差にも目を向けます。なお、くりかえしますが、アイデア出しは、良いものを1つだけ……ではなく、可能な限り数多くのアイデアを探し求めて抽出します。アイデアの数量は拡散思考である連想と発想のくりかえしによって増やしていきます。発想の量が質を生み出すからです。アイデア出しで大切なことは、善し悪しの判断と質の評価はしないで、数を出すことを意識することです。

　そして、結論を急ぎ、取り敢えず収束、集約して早くまとめようとはしません。納得を得るためには、時間を取り分けて発想したことを見渡して考え、検証を重ねます。

　なお視点を拡げ、連想して発想の量を求めるためには、プロセスのステージを何度も行き来します。この行き来は堂々巡りしているかのように、混沌としてくることが度々あります。この混沌状況、カオス状態であれこれと思いつくことを図や写真などでビジュアル化したり、見立てることによって考えていると洞察できるようになってきます。不思議なことに、この混沌・カオスを楽しめると閃きや妙案が出てきて、アイデアや思考は、無理にまとめることなく自然と収斂して来るものです。考えが収斂してくると仮説が明快になってきます。この仮説は形式知と暗黙知、体験・体感による身体知として培われたことを含めた現れです。

　この仮説を見出す感覚は論理的に言語化しきれないところが多いです。この非言語の暗黙知や身体知の感覚がデザインを理解しづらくしている一因かもしれません。

2-7-2　各象限での発想と思考

　図 2-10 はデザインを進めていく場合の各段階でのポイント、すなわち「何を踏まえて発想し、どのように思考してアイデアを引き出し、どうやって仮説を産み出すのか」をマトリックス化したものです。

　このマトリックスは、図 2-4 の［観る・練る・創る］、［サーヴェイ］［シー

ン設定］［仮説立案］の 3 ステップを ABCD の 4 つの象限にアレンジした図で
す。そして、文字のスケッチに焦点を当て、言葉による発想の展開と思考のあ
り方を表すと同時に、アイデア・イメージメモの 3 つのフェーズの位置を示
しています。

◆ 4 つの象限

　マトリックスの直行軸の**縦軸**は、上が**具体的**で下が**抽象的**です。**横軸**の左が
「**なに？**」で、右が「**どうやって？**」です。左側が疑問と探索、右側は発想し
たことや考えと解決に向けての問いであり、確認につながります。

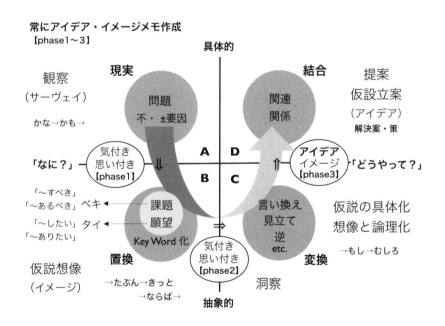

図 2-10　デザインプロセスのマトリックス

・左上のAの象限「具体的×なに？」は現実のエリアで、問題の観察［観る（サーヴェイ）］に当たります。

・Bの象限「抽象的×なに？」の所は、Aで見出したことをキーワードに置換しつつ願望・課題を考え出す［練る（シーン設定）］の始まりになります。

・次のCの象限「抽象的×どうやって？」は、Bでの言葉（キーワード）を変換して考える［練る（シーン設定）］の展開です。アイデアの数を出しながなら具体化（明確化、論理化）していく段階になります。

・最後のD「具体的×どうやって？」が［創る］に充当します。発想内容や現実との関わり、関連づけによる結合です。結合によって革新的な提案、仮説立案になるところです。

2-7-3　各象限での発想と思考
◆AからBの象限

Aの象限は、サーヴェイでの観察を通じて感じ得たさまざまな「不・±要因」の抽出にあたります。

B象限では、サーヴェイで気づいた「不・±要因」などを言語へ置換、すなわち自分が感じたことを言葉に置き換えます。同時に、解決につながるだろうと思う願望や課題を連想していきます。置換と連想から問題のポイントだと思われるキーワードを数種類選び、選んだ言葉から、解決への自分のイメージを願望や希望を含めて広げていきます。このイメージの拡大は、あって欲しいと思うさまざまな情景を脳裏に思い描いて想像するデザインのスタートです。

◆Cの象限での展開

次のCの象限は、想像していることや自分のメージをアイデアとして具体化していきます。考えを倫理的に明確にしていく段階です。

Bから、いくつかのポイントになると思われるキーワード（願望、課題を含む）を選び出し、その言葉から発想を広げます。まずは、同義語や類似語を可能な限り多く書き出して発想を拡散します。ここからさらに、変換した同義語や類似語などを具体的に、よりリアルにするために、ことばの見立てと逆発想

法を使って短時間でできる限りの拡散発想によって量を増やします。発想の量が質を生み出してくれるからです。

　ＢとＣと２つに分けた［練る（シーン設定）］ステージのＢでは右脳的なイメージが先行します。Ｃの象限は、ことばの発想の展開によっての考察をくりかえすことからやや論理的で、左脳が少し優勢になる感じです。ここまでの発想と思索をくりかえす過程によって、考察が深まり、洞察できるようになってくるのです。このように思考していると閃きも出てきて、自ずと考え方が収斂され、良いアイデアと仮説が見えてきます。

◆ Ｄの象限での仮説設定

　幅広い発想とその組み合わせからの考察から思考を深め、洞察を得るのがＤのレベルです。考察、洞察から思考が具体的・論理的になってきます。要するにＤでは、ABCで想像したイメージからアイデアや言葉を抽出します。次に、さまざまな組み合わせによって関係や関わりを考えると仮説が出来上がってくるのです。なお、Ｄの段階では、シナリオライティングやムードボードに図解などを作成しながら、仮説をより明確にして行きます。

　デザインの思考では、手取り早く集約しようとか急いで結論を出そうとせず、徹底した発散思考がポイントになります。このプロセスは、発想の演習を実施しながらだと、把握しやすくなります（第５章参照）。

2-7-4　発散と収斂の思考

　ＡからＢ、Ｃの象限では、最終的な仮説設定（立案）のアイデアを生み出すために、イメージを膨らませて積極的に発想を広げます。発想の広がりは、視点の拡大と変換にもつながるのです。そして、この発想からの考察と思索から、洞察によってＣとＤのステージでアイデアや思考が収斂してくるのです。

　各ステージとステージを移行する折に、突然思いついたり、閃くことがよくあります。問題に対して『こうするベキだ』『このように在りタイ』といった願望や課題も思い浮かびます。この思いつきや気づき、閃きは短絡的だと思わ

れるかもしれませんが、一種の収斂です。

　連想や発想によって、イメージやアイデアを増やしていくのが発散思考です。発散思考は、問題や課題の本質、解き方を模索するヒントの抽出です。ヒントの数は多ければ多いほど解となる核心に近づく可能性が高まります。これが連想し発想する数や量を必要とする理由でもあります。そして、全段で述べたように、発想からの思いつきや気づき、閃きがデザインでの収斂の思考になるのです。

　さて図 2-11 は、デザインの思考プロセスでの発散と収斂の概念を表しています。発散と収斂の連続的なくりかえしの状況に焦点を当て、象徴的に表現した図です。この図では、デザインの流れを［観察］から［シーン設定］［仮説設定］［アイデア］としています。矢印の広がりが発散、矢印の集まる方向が収斂です。

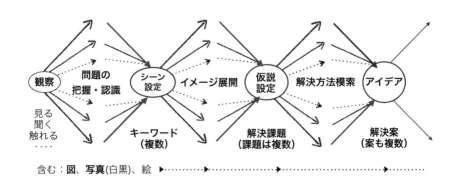

新しい考えや素晴らしい解決策・解決案は
発散思考と収斂思考の
連続的な繰り返しから出現

図 2-11　発散と収斂

2-7-5　発散と収斂の在り方と留意

　サーヴェイによる観察や探索によって幅広く観る、聞く、触れることなどは、情報を収集するための発散思考を促します。五感による観ることから「かもしれない」「〜かな」とか「たぶん」「きっと」などと感覚的に思いつくのは意識の発散です。この感覚的なイメージを言葉に置き換えると、多数のキーワードが出てきます。感覚のキーワード化は一種の収斂思考です。

　初期イメージを収斂したキーワードから、連想したり、言い換え、ことばの見立てや逆の発想によって再び発散に入ります。この発散から初期のイメージとは異なったイメージがいろいろと現れてきて、「かもしれない・かな・たぶん・きっと・おそらく」というような思いが浮かび上がってきます。この思い浮かんだ物事のイメージ、些細な気づきを含む雑多な内容は自分のテーマや課題になる可能性を持つものです。この一連の思いつきの思考も収斂です。ここから更に、連想や発想を連続して、発散と収斂をくりかえしていくと「だったら・ならば・むしろ……」といったニュアンスで収斂してきます。ここまで来て、初めて仮説設定や問題定義となる確たる収斂に至るのです（[注] ここでいう発散とは思考と視点が四方八方、上下左右に拡散、放散するという意味です。主体的に発想と考察を広げることも含めています。一方、収斂は凸レンズで光が集まってくるように、考えや思いが自然にまとまってくることと定義しています。集約や収束も同義語ですが、多数決を取るようにまとめるのではなく、また、無理に束ねて結論づけるのではないとの考え方で収斂を使っています）。

　この発散と収斂での留意は、早く収斂させて終わらせようとしないことです。スピードを求めて私たちは、問題の対応を急ぎ、素早く結論を求め、早く終わらせようとする傾向にあります。現実には素早く対応しなければならない場合もありますが、デザインは限られた時間のなかであっても、発散と収斂をくりかえします。イノベーションを生み出すデザインを考える場合は、短絡的なまとめ、集約、収束を避け、発散と収斂を連続的に思考するプロセスをしっかりと踏まえることで納得し、満足できる収斂に成りえるのです。

2-8 生活起点と成り代わり

　生活を起点にする発想はデザインマネージメントからの情報とは対照的な視点です。また、通常の組織やビジネスとは異なった生活に目を向けて、問題解決や創造思考のきっかけや発想のヒントを得る思考方法です。生活起点は、デザインに不可欠である生活情報を得て考えるための拠り所です。サーヴェイでの体感と並行して人を中心にしたデザインでは、常に「成り代わり」を意識していなければならないからです。

　新しいアイデアを探し出そうとする重要な要素は、対象となる人々に成り代わって思考し、どのように共感を持ちえるかです。その例は異業種交流を含め、年齢や性別の異なる人との交わりです。身近なところでは、家族（親、兄弟姉妹、祖父母）の日常を観察することから好みや不を知ることは可能です。なお、その人の身になって発想するとこれまで意識してなかった思いや気づきを見出し、新しいアイデアやイメージを作り出せる可能性が高まります。

　ところが、家から会社など組織の業務に就くと自分の生活を忘れて、発想思考は組織で受け入れられる範囲になってしまいがちです。そして業務に追われ、消費者や生活者を自分とはかけ離れたところの存在として捉えた考え方になってしまいかねません。なお、矛盾するようですが、仕事も生活の一部として捉える視点もあります。

　創造的活動や問題解決に当たって、私たちは物や情報を提供する側であると同時に日常生活で使用し、消費する側でもあるのです。時折立ち止まって、この2つの立場からの発想や思考を意識すると、これまでとは異なった視点や切り口が見つかることもあり、ここから新たなデザインに至る発想の飛躍につながる可能性が出てきます。

◆発想の起点

　発想の起点（生活起点）の図 2-12 は、バブル崩壊（1991 年）後に、デザインの発想の在り方や方法を模索中に作成したものを加筆修正したものです。

　この図 2-12 では、デザインのプロセスの概略を縦軸に置いています。縦は

生活からの気づき、そして願望・課題とアイデア・イメージ作りから仮説作成への流れです。図の右側は、これまでの企業、経営の起点、左側が生活起点の在り方を示しています。

　かつては、右側の企業・経営起点、技術や業界、マーケティングを基にした考え方が主流でした。要するに、競合対応の横並び、際立たせからの企画やデザイン、コミュニケーション戦略など、顧客と消費者への視点で市場や時流・流行を考慮した定数情報を重視した問題の捉え方だと思われます。

　コトのデザインでは、これまでの企業・経営起点を踏まえつつも、生活している人が中心です。仕事や生活を営んでいる人を生活人としてと捉えた起点で発想します。その発想するためのポイントは異種交流です。異種交流とは、自

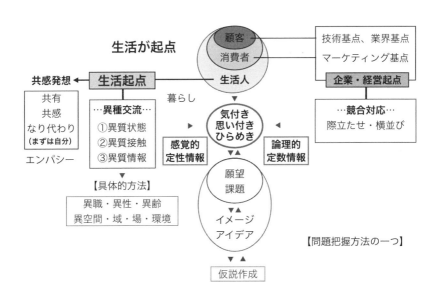

図2-12　発想の起点

分を日頃とは異なる異質状態に身を置き、異質な接触をして異質情報を体感できるようにするのです。具体的には異なる職、異性、年齢の違った人との接触を図る、一種の異業種交流です。すなわち、日常とは違った空間や場所、環境に身を置くことです。例えば、子どもの道草ではないですが、いつも同じ通勤や通学路を少し変えてみるとか、いつも行くお店でない店に入ってみることなどはたやすく体験できる方法です。些細なことですが、何かしらの変化があり、その変化や相違に意識を向けて考えてみることが新たな発想につながります。

　先に述べたように親に祖父母や子供、家族を含めて、まず異質な交流を持ち、異質な環境に身をおいて、五感による体感情報を得ることがデザインの発想と思考の基になります。これが、いわば定性的な体感情報を得る第一歩です。あくまでも自身が抱える問題の直接的な解決情報を求めることを優先しないで、体感から問題との関係や関わりを考えてみることです。

◆生活起点の視点
　さて生活起点を「基点」にせず「起点」にしているのは、生活から能動的にヒントを掘り起こすという意味を込めているからです。この生活起点の基本は、「流行っている」ではなく「好んでいる」「似合っている」という生活人として自分自身を直視した姿勢と関わります（60 ページ図 2-14 参照）。いわば、等身大の鏡で自分を見つめ直すことであり、自分の直感です。他人の視点や論理ではなく、自らの感覚を大切にするということであり、自分のデザインやアイデンティティが関わるところです。

　次に、生活への理解をより深め、確かな要望や顕在化していないことを見出していくには、ここでも生活人との共感（エンパシー）が大切です。エンパシー（empathy）とは、生活人が仕事を含めた日常生活でどういう感覚や気持ちでいるのかの心情を汲んで、同情ではなく、理解することです。把握理解するために、いつ、どこで、何をしているのかの観察から、相手に成り代わってイメージし、考えることがポイントになります。

◆定性情報

　生活起点からの情報データは、感覚的であって定数化しにくい定性情報です。定性と定数の情報の相違は、恋人といった好きな人を思い浮かべて想像してみるとわかりやすいです。例えば、理想の男性や女性の身長や体重、顔の形や目、鼻、口、髪の長さなど全てを数値化するでしょうか。気に入った服や美味しいと思う食べ物も同様です。このように定性情報は感覚的、感性によるイメージ情報といってもいいかもしれません。定性的な情報内容は一種のイメージであって、写真や図、絵で表した方が文字表現よりも適切かもしれません。定性情報は図やイラスト、写真などのビジュアル化によってイメージの把握、確認に結びつきやすいです。

　また、定性情報を定量化し、客観的なデータにする必要が出てくることがあります。定量化は、SD法やデルファイ法を活用してデータ化することは可能です。例えば、味覚などの感覚や好悪などの感情的イメージを「甘い－からい」「明るい－暗い」など対の評価尺度を5段階または7段階で設定し、調査によって集計します。ただし、デザインの主眼は統計データの収集ではなく、あくまでもイメージの確認であり、目的と手段を履き違えないようにしないとなりません。

2-9　自分のデザイン

　コトのデザインの根幹部分が自分のデザインであるといえなくもないです。デザインのアプローチで述べたように、コトのデザインを考えるスタートでありベースになるのは人です。その人のなかには自分も入っています。

　幅広くデザインを考える前に、まず自分がどう在りたいのか、したいかという認識を持つことが基になります。自分の認識とは、自分が何であるのかを知ることであり、アイデンティティです。ところが、この自分自身を知ることは容易ではなく、最も難しいことかもしれません。

　さて、自分のデザインを考える第一歩が自分を知ることです。すなわち自己

確認であり、いろんな視点から自分を見つめ直してみることです。自分を見直すためにここでは、自己を客観視できるようにするための手立てを紹介します。この自己確認は、成り代わり発想でどのように、どうすれば対象に共感をもつことができるかにもつながります。

◆過去回帰

　過去回帰とは、まず自身の生い立ちを振り返って、図2-13のように過去をグラフにすることから始めます。自身の過去のグラフ化は、自分の成長の経緯を客観的にみることができます（作成方法は第5章で紹介）。過去の良かった・良くなかったと思われる時は、人それぞれです。良かった・悪かったのは「なぜ」「どうして」かを思い出すと、かつて自分がどんなことを問題としていて、どのように解決してきたのかを知ることができます。例えば、マイナスエリアで良くなかった処は、自分にとって何らかの問題を抱えていた時です。この良くないマイナスポイントからプラスに上がった理由や根拠などを考えてみ

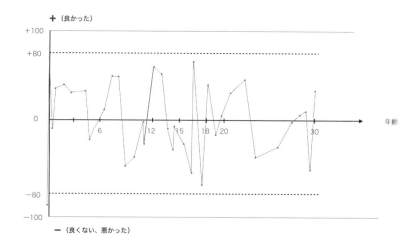

図2-13　過去回帰図

ると、自分独自の考え方や解決方法の特徴がわかってきます。

　さて、気になっている事柄や興味、自分が問題や課題、テーマだと思っていることはあるものです。自分が考えている問題や課題が本質的なものか、あるいは本当に独自のテーマであるのかが怪しいことがあります。この確認のために、過去のポイントをたどると、その思考のつながりから本来的なテーマの在り方やその意味、意義、理由などがおぼろげながら見えてきます。過去回帰グラフは、その見えてきた内容の本質や原点を探り出すことが可能です。現在から過去をたどって、影響を受けたこと・人・状況などを思い出してみます。すると、自分にとっての重要なエポックやトピックが明らかになってきます。明確になってくる内容をメモ的に記録していきます。時系列的メモからは、これまで気づかなかった自分の考え方の源、顕在化できていない自分の思考、趣向や興味のあり方、その理由や根拠が解ってきます。すなわち、アイデンティティとなる自分の原点、自身の特色や傾向がわかり、独自の考えの在りようと確認につながります。

　過去回帰を踏まえ、横軸の年齢（時間軸）を延長すると、将来の夢や目標、ビジョンを考える手立てになります。要するに、将来を想像して、いろんな構想を練ることができるようにもなります。この構想は、自分のありたい姿や夢、ビジョンのイメージの想定です。イメージする夢と現実のギャップから自分にとっての課題や問題が浮かび上がってきます。夢や目標に長期・中期・短期があるなかで、クリアしなければならないことが明らかになってきます。

　過去回帰作成の意味は、1つには自分の原点や拠り所を掘り起こすことです。2つ目は、自身の過去から現在までを考えて将来の志や目標を見直して作り出すことです。

◆自己確認
　図 2-14 は自己確認の 1 つの方法で「似合う」「好み」「流行り」の 3 つの要素があります。服装で言えば「自分に似合っている」「自分が好んでいる」「世間で流行っている」に移しかえてみることです。図 2-9-2 の上 2 つ「似合っている」と「好んでいる」は、自分自身のある種の直感ですが、この 2 つを①

把握しているか、②認識できているか、③視点を持っているか、が自己確認の一例です。流行っているからと手に入れたり、身に付けたりするのではなく、似合っていると好んでいるという判断基準を持っているか否かが自己認識の一視点です。

　この認識は自身の生活起点の基本でもあり、生活人としての自分の直視でもあるのです。例えば、等身大の鏡で自分自身を見つめ直す……鏡に映った自分と対峙して自分に問いかけ、自己を確認しつつ認識を新たにして、自分を把握し直すような感じです。

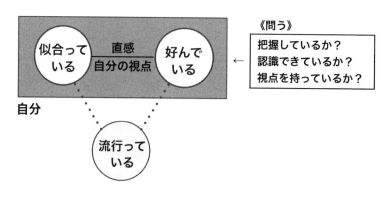

図2-14　自己確認の視点

◆ジョハリの窓

　自分を確認するためのもう1つの方法がジョハリの窓（Luft 1984）の活用です。ジョハリの窓は「自分から見た自分」と「他人から見た自分」のマトリックスです。「自分から見た自分」は「自分が知っている、わかっている自分」と「自分が知らない、わかっていない自分」に分かれます。「他人から見た自

分」は「他人が知っている、わかっている自分」と「他人が知らない、わからない自分」です。この掛け合わせが図2-15のように、4つの象限の窓になります。

　明るい窓は、自分も他人も共通認識できている自分（性格など）です。隠された窓・秘密という窓は、例えば、自分の特色を他人に話したら「そんなとこ有るの」とか「そんなことないだろう」といわれる処です。盲目の窓（盲点）の場所は、癖など自分が認識してない行為や話し方があります。いわゆる、親や友人から注意をもらうような窓です。暗い窓はまったくわからない自己です。この「開放、秘密、盲点」の三つの象限を確認し直すことで自己の確認が深まります。

自分から見た「自分」「私」		
	自分が知っている、わかっている自分	自分が知らない、わかっていない自分
他人から見た「自分」「私」　他人が知っている、わかっている自分	明るい窓 ・自分も他人もわかっていて、知っているいる自己。 開放	盲目の窓 ・自分にはわかっていない、他人が知っているいる自己。 盲点
他人が知らない、わからない自分	隠された窓 ・自分は知っているが、他人は気づいていない自己。 秘密	暗い窓 ・自分にも他人にもわからない自己。 未知

図2-15　ジョハリの窓

◆人脈図

　自分のデザインは自分を知ることから夢や希望、自分のビジョンを明らかにすることです。そして、夢やビジョンをどのようにしたら実現可能かを考えることです。

　さて、自身の思い描く夢は、できるだけ実現させたいものです。夢を現実化にさせるには困難もあれば、解決しなければならない問題も出てきます。その問題は独力で対処できることもあれば、協力してくれる人や相談相手が必要な場合もあります。相談できる人や協力してもらえる仲間がいるに越したことはありません。そこで、自分の周りで協力を仰いだり相談にのってもらえる可能性がありそうな、どんな人がいるのかを把握しておくことは大切です。その把握が図 2-16 の人脈図の作成です。

　人脈図は、ラジアルチャートを活用した自分の人脈のマップともいえます。

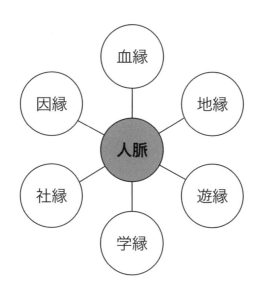

図 2-16　人脈図（ラジアルチャート）

このマップの作成は自分の出生から生い立ちの時系列で考えます。まず第一に血縁人脈。次に地縁人脈から遊び仲間の遊縁人脈。そして小学校からの学友や先生を含めた学縁人脈。社会に出てからの会社や仕事関係での社縁人脈（アルバイトも含む）。最後にどこで知り合ったのか思い出せないとか、時系列の社縁までの人脈には含まれない因縁の人脈です。

　それぞれの縁で自分の直接的な友人や知人、世話になった方を主にした図が出来上がります。次に、各縁に書き出した人の立場やネットワークを考えてみると、解決すべき問題を誰にどのように相談や協力を要請したらいいかがわかってきます。

◆目標と現状と問題

　自分のデザインにあたって、過去から現在までを確認することは基本です。同時に、自分がありたい願望としての姿やあるべき将来像を思い描き、志や夢は大小かかわらずあり、目標や夢は実現したいものです。しかし、自分の将来がどうなるかはわからないですが、少なくとも予測を立てることは可能です。図 2-17 は、ヤンツの技術予測を基にしています。この技術予測を借用・うつしの考え方から加筆したものです。図の横軸は時間で、縦軸が目標や成長度です。

　さて、目標の大小に関わりなく、達成するために想像する考え方は 2 つあります。図 2-17 から、1 つは過去の状況を含め、左の現状からアプローチする「探究的予測」、もう 1 つは目標やビジョンからダウンロードしてくる「規範的予測」です。予測は少なくとも 3 〜 4 つ想定して作成しておきます。というのは希望し、設定した予測が外れた場合、他の想定した予測に速やかに対応できるからです。そして、現状からの探究と規範からの結合が自分の問題解決になるのですが、どのようにつながるかは点線部分の円のなかの「？」であって、つながり方は無限です。

　目標に対して現状から予測どおり順調に進んでいる場合は、次の目標に進めます。逆に、想像通りに進まなければ、時間をずらして考えてみる、あるいは、A から B や C のケースとして捉え直しやすくします。この視点で自分の

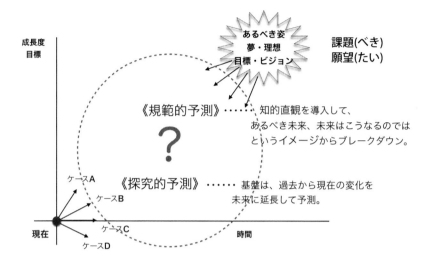

図2-17　探求的予測と規範的予測

デザインを考えておくと、予想と違っても慌てふためくことなく対処できるようになるのです。

　図の「？」のところが、現状と目標とのギャップであり、解決していかなければならない問題なのです。この問題をどのように捉えて解決案を作っていくのか、そして、この解決に至る仮説を作るのがデザインであるといっても過言ではないでしょう。

第2章のまとめ

(1) デザインとは「見えないものごとを見えるようにすること」です。

(2) モノのデザインは「もの」から発想し、コトのデザインは人から発想します。

言語教師教育論
境界なき時代の「知る・分析する・認識する・為す・見る」教師

外国語・第二言語の教師教育に向けた包括的なモデルの根拠と本質を再考し、多様な言葉の営為のための教育の方向性を見すえる。

B・クマラヴァディヴェル著/南浦涼介、瀬尾匡輝、田嶋美砂子訳

▼Ａ５判上製・三二〇頁・四〇〇〇円

日本語教師の省察的実践
語りの現象学的分析とその記述を読む経験

日本語教師の専門知・実践知のありようを、教師自身の語る/読むという経験から現象学的分析によって考察し、多様な自他理解を探る。

香月裕介 著

▼Ａ５判上製・四二六頁・四五〇〇円

記憶のなかの「碧南方言(ことば)」
語彙・語法・音韻の特徴

愛知県西三河に位置する碧南市のことばを、地元での聞き取り調査によって克明に記録。生きた用例からその言語的特徴を明らかにする。

石川文也 著

▼Ａ５判並製・二二六頁・一八〇〇円

教室における政治的中立性
論争問題を扱うために

私たちはどのように意見を交わしているか？　論争的な問題とは何か？　対立する主張を議論するあり方、公教育と民主社会の関係を再考する。

ダイアナ・E・ヘス 著/渡部竜也、岩崎圭祐、井上昌善 監訳

▼Ａ５判上製・三四六頁・四五〇〇円

春風社

〒220-0044　横浜市西区紅葉ヶ丘 53　横浜市教育会館 3F
TEL (045)261-3168 ／ FAX (045)261-3169
E-MAIL：info@shumpu.com　Web：http://shumpu.com

この目録は2022年11月作成のものです。これ以降、変更の場合がありますのでご諒承ください（価格は税別です）。

言語景観から考える日本の言語環境

方言・多言語・日本語教育

各地での「言語景観」を撮影・収集し、そこにみられる敬語、方言、複言語等の様相から、多文化共生が進む日本の言語環境を鳥瞰する。　▼Ａ５判上製・四〇二頁・四五〇〇円

**ダニエル・ロング／
斎藤敬太 著**

レヴィナスと教育学

他者をめぐる教育学の語りを問い直す

語りえない・知りえないことをいかに伝達しうるのか。レヴィナスの言語論や責任概念への思索を検討し、その倫理的含意を顧みる。　▼四六判上製・三二〇頁・四〇〇〇円

安喰勇平 著

自律を目指す教育とは何か

自然主義的な教育哲学の試み

教育目的として掲げられてきた自律概念をめぐる議論を概観し、自律と他律を区別する意味や、それを実現するはたらきかけを探究する。　▼四六判上製・二八八頁・四〇〇〇円

宮川幸奈 著

学校づくりの概念・思想・戦略

教育における直接責任性原理の探究

戦後から現在に至る日本の学校教育活動における学校づくり概念・実践と法制度の展開を検討し、教育の自主性の内実と意義を論じる。　▼Ａ５判上製・三〇四頁・四〇〇〇円

石井拓児 著

心理臨床 セラピストの身体と共感

ダンス／ムーブメントとフェルトセンスの活用

山田美穂 著

身体が感じ、身体を感じ、身体が動き、身体を動かす。心理臨床の実践と豊かな理解に向けた真摯な問い。▼A5判上製・四二六頁・四五〇〇円

学問としてのダンスの歴史的変容

ウィスコンシン大学マディソン校のダンスの一〇〇年

木場裕紀 著

20世紀アメリカの高等教育におけるダンスの変遷を、専攻初設立の大学の事例から検証。ダンス及び身体知と大学組織の関係を究明する。▼A5判上製・二三〇頁・四〇〇〇円

野村芳兵衛の教育思想

往相・還相としての「生命信順」と「仲間作り」

冨澤美千子 著

明治後期から昭和期の教育者・野村芳兵衛の「生命信順」と「仲間作り」による教育の可能性を、宗教的・社会的な影響から考察し描く。▼四六判上製・二七二頁・三六三〇円

ともに生きるために

ウェルフェア・リングイスティクスと生態学の視点からみることばの教育

尾辻恵美、熊谷由理、佐藤慎司 編

人、ことば、社会・環境を相互に連関する資源と捉える言語生態学の視座から、個人と社会をより豊かにする営みとしてのことばの教育を考える。▼A5判並製・三〇四頁・三九〇〇円

春風社の本

本刊既評好

教育・言語・心理

学校と生活を接続する

ドイツの改革教育的な授業の理論と実践

70年代以降ドイツの学校教育改革の発想や多視点性を活かす差異に基づく授業構想を提言する。教育という営為の両義的な発想を問い、多視点性を活かす差異に基づく授業構想を提言する。

田中怜 著

▼A5判上製・三二六頁・四二〇〇円

討議倫理と教育

アーペル、ヨナス、ハーバーマスのあいだ

討議という倫理はどのように互いを支えるか。向かい合うもの同士の合意や承認をめぐる関係を、責任や対話実践の問いから解き明かす。

丸橋静香 著

▼四六判上製・二八八頁・三九〇〇円

エンパワーメント・ギャップ

主権者になる資格のない子などいない

市民権行使の機会・能力における子どもの格差を米国の学校事例から解き、多様な差異に向けた民主的な社会参加への教育の役割を探る。

メイラ・レヴィンソン 著／
渡部竜也、桑原敏典 訳

▼A5判上製・四三二頁・四五〇〇円

インクルーシブ教育のかたち

都道府県ごとの特別支援教育の違いから

特別支援教育や通常教育の包摂／排除や統合／分離という二分法的な議論にとどまらない、その実現可能な工夫のしどころをはかる。

柴垣登 著

▼A5判並製・二七二頁・三六〇〇円

(3) コトのデザインのプロセスは、「観る」→「練る」→「創る」と進みます。

(4) アイデア・イメージメモを中心にコトのデザインのプロセスを進めます。

(5) コトのデザインのプロセスは、具体的と抽象的を行き来し、問いは「なに？」から「どうやって？」に進みます。

(6) コトのデザインのプロセスは、「発散」と「収斂」を繰り返します。

(7) コトのデザインの発想の起点は生活であり、自分です。そのため、自分のデザインが重要になってきます。

第3章

コトのデザインを授業のなかに組み込む

　ここまでで「コトのデザインとは何か」を説明してきました。本章ではコトのデザインをどうやって授業に組み込むことができるか、を考えてみます。ここでは、座学中心の通常の大学の授業（90分×15回）、フィールドワーク中心の集中講義、それに週末を使った社会人向けの研修会の3種類のひながたを紹介します。アイデアを生み出すためには、発想と連想が根管です。そのために大事なことは、「量が質に転化する」「アイデアの発散と収斂をくりかえす」「自分の常識の枠を一旦はずす」の3つの点です。

　まず、「量が質に転化する」に関しては、アイデア・イメージメモを100枚蓄積することを目標にして、そこからどういった視点が生まれてくるか、を体験してもらいます。「アイデアの発散と収束をくりかえす」に関しては、アイデア・イメージメモを書いて生起した視点をもとに、さらにアイデアを膨らませるというプロセスを何度もくりかえすことに相当します。最後の「自分の常識の枠を一旦はずす」に関しては、発想法の実習で自分の常識や効率的に考えようとする態度が、実は自分の発想に制限をかけていることを認識してもらい、その感覚をもってコトのデザインのプロセスを回していくということを示しています。

3-1　座学中心の授業の例

　まず、座学中心で90分を15回実施する通常の大学の授業を想定した設計

を表 3-1 に示します。この場合、サーヴェイなどのフィールドワークは授業時間外に行い、授業内ではグループ内で結果をシェアしてメンバーからのフィードバックに時間を使います。この設計ではコトのデザインの授業は、「コトのデザインの紹介」、「全体像を把握する」、「課題の理解を深める」、「プレゼンテーション」の 4 つの段階に分かれています。

表 3-1　大学の 15 回の授業を想定した座学中心の例

回	テーマ	授業内容
1	（第 1 段階）コトのデザインの紹介	コトのデザインとは何か
2		チームビルディングの実習
3		コトのデザインのプロセス＋仮テーマの設定
4	（第 2 段階）全体像を把握する	コトのデザインのプロセスの把握 1 （サーヴェイ、シーン設定 1）
5		コトのデザインのプロセスの把握 2 （シーン設定 2、課題設定）
6	（第 3 段階）課題の理解を深める	本テーマの設定＋シーン設定（「不」、「±要因」）
7		1 週間のうちにサーヴェイを行い再度シーン設定（「不」、「±要因」）
8		シーン設定（願望・課題）
9		1 週間のうちにサーヴェイを行い再度シーン設定（願望・課題）
10		シーン設定（シーン想像）
11		1 週間のうちにサーヴェイを行い再度シーン設定（シーン想像）
12		仮説設定 1 ＋グループで中間プレゼン＋フィードバック
13		前週の結果をもとに仮説設定 2
14	（第 4 段階）プレゼンテーション	プレゼンテーション 1 ＋他者の話を聴く 1
15		プレゼンテーション 2 ＋他者の話を聴く 2

　第 1 段階の「コトのデザインの紹介」では、コトのデザインの概要を知識として理解する段階です。また、この授業のなかで実施するグループワークを

スムーズに進めるため、メンバー間で良く知りあい、心理的安全性を高めることを目的とした、チームビルディングの実習も行います。そして、最後に、授業のなかで各学生が取り組む仮テーマの設定も実施します。

第2段階の「全体像を把握する」では、コトのデザインのプロセスの全体像を把握します。コトのデザインのプロセスのより詳細な説明と、必要に応じて、その部分のエッセンスとなる実習を行い、頭だけでなく体感的な理解もできるようにします。ここで一度全体像を把握しておくことが、第3段階のなかでコトのデザインのプロセスを実践する際の助けになると考えています。この段階には2回しか割り当てていませんので、深く理解することはできませんが、コトのデザインのプロセスの全体像を理解することにより、6回目以降にコトのデザインのプロセスを本格的に回す際に、より見通しが効くようになることが目的です。

第3段階の「課題の理解を深める」では、コトのデザインのプロセスを順に実施していきます。すなわち、本テーマの設定 →「不」「±要因」→ 願望・課題 → シーン想像、と進み、最終的に仮説設定を行います。このなかでは、これらのプロセスを理解するための実習を行う週と、それを自分が掲げた本テーマに対して適用する週を交互にくりかえす設計となっています。この段階では自分が設定した課題に対して、サーヴェイといくつかの実習をくりかえしながら迫ります。ただし、サーヴェイは、授業時間以外に実施し、授業のなかでは主にグループワークを通して、個人で考えてきた視点をさらに発展させていきます。このなかで、自分の常識を一旦はずしながら、アイデアの発散と収束をくりかえすことを通して、量が質に転化するということを体験してもらおうという意図です。

第4段階の「プレゼンテーション」では、クラス全員（またはグループ）へのプレゼンテーションを行います。プレゼンテーションの際の質疑応答、および他のメンバーのプレゼンテーションを聴くことが、自分が作成した仮説設定へのフィードバックとなり、今後、同様の課題に取り組む際、どうしたら良いかのヒントを与えてくれることになると考えています。普段、問題は与えられることが多い学習者にとって、サーヴェイやアイデア・イメージメモの作成、そ

してそこからシーン設定を経由して仮説を設定し、課題設定としてまとめるこの段階は、大変刺激的なものになると考えられます。

　第1段階の「コトのデザインの紹介」のなかで実施する「チームビルディングの実習」はコトのデザインからは少し外れますが、授業を運営する上で重要なポイントでもあるので、説明をしておきます。

　チームビルディングの実習は、グループワークを行うメンバーがよく相手のことを知り、信頼関係を築くことが目的です。そのために私たちは「質問ワーク」という実習を行います。質問ワークは、クエーカー教徒のクリアネス委員会（メイシー 2020; ドレスラー 2014）、アクションラーニングの質問会議（清宮2008）、智慧の車座（加藤 2011）などを参考にして筆者らが開発した実習ですが、ある人が抱えている課題に対して質問を投げかけることにより、その課題の本質を探究しようというものです。このプロセスは、コトのデザインで課題の本質を探るということにもつながっていますが、グループ内でこの実習をすることにより、自己開示が進み、メンバー間の信頼関係が高まります。また、課題の本質に迫るための「問い」はどういうものかを体感的に知るということにもつながっていきます。質問ワークの詳細に関しては、本章の 3-5 節を参照してください。

3-2　フィールドワーク中心の集中講義形式の例

　表3-2 に、フィールドワークを授業時間内に実施するような集中講義の際のコトのデザインを取り入れた授業の設計例を示します。集中講義の期間によってさまざまなパターンが考えられますが、ここでは、1日の時間設定が朝9時〜夕方 17 時（昼食1時間）で（ただし初日は午後から開始する）、4日半（32 時間）の授業を考えます。ただし1日目は、座学が中心なので、集中講義から切り離して、別日に事前授業という形でも実施可能です。この設計では、午前中はすべてフィールドワーク、午後はコトのデザインのプロセスを使ったフィールドワークからのアイデア展開という構造になっていますので、午後に実施され

るコトのデザインのプロセスを中心に説明します。

表 3-2　フィールドワーク中心の集中講義形式の例

		授業内容
1 日目	午後	授業目的の説明、チームビルディング、コトのデザインの説明
2 日目	午前	1 日目のフィールドワークの説明＋フィールドワーク
	午後	コトのデザインのプロセスの説明、シーン設定（「不」「±要因」）
3 日目	午前	2 日目のフィールドワークの説明＋フィールドワーク
	午後	アイデア・イメージメモの説明、アイデア・イメージメモの作成
4 日目	午前	3 日目のフィールドワークの説明＋フィールドワーク
	午後	可視化・図解化の説明、可視化・図解化の実施
5 日目	午前	4 日目のフィールドワークの説明＋フィールドワーク
	午後	仮説設定の説明、仮説設定と発表

　なお、本書では、サーヴェイとフィールドワークをほぼ同じ意味で使っています。他の箇所ではサーヴェイという言葉を使っていますが、授業形態としてはフィールドワークという言葉の方が良く使われているので、この節ではフィールドワークという言葉を使います。

　1 日目の午後に、授業目的の説明および何に対してフィールドワークをするかという問題提起、そしてコトのデザインの概略説明とチームビルディングを実施します。この段階ではチームビルディングを重視して、コトのデザインのプロセスの説明は、2 日目の午後に回してあります。その理由は、まずはフィールドに出て、自分が何を感じるかを素直に意識して欲しいためです。また、15 回の座学中心授業で設計のなかに入っていた全体像を把握するという、コトのデザインのプロセスを軽く回すという段階は省略してあります。時間がある場合は 1 日目または事前授業のなかで実施する可能性もあります。

　2 日目の午前にフィールドワークを実施し、そこで感じたことを、午後に「不」「±要因」としてまとめることから始めます。可能であればそこで出た要

因に関してマンダラ法を使い、プラス要因 8 項目、マイナス要因 8 項目として抽出しておくと、3 日目のアイデア・イメージメモにつながりやすいでしょう。

　3 日目の午後からアイデア・イメージメモの作成に取り掛かります。まずは、2 日目のマンダラ法で記入した、プラス要因 8 項目、マイナス要因 8 項目の 1 項目を 1 つのアイデア・イメージメモにするだけで 16 項目できます。さらにそこから連想を広げて、3 日目と 4 日目で 100 枚程度のアイデア・イメージメモを作成することを目標とします。連想が広がらないような場合は、マンダラ法で書いたプラスマイナス要因の 8 項目を、再度マンダラ法の中心にして、そこからさらに 8 項目の連想を行うという形でも良いかもしれません。そうすると、理想的には 8 × 9 ＝ 72 項目のキーワードが出てくることになります。

　4 日目の午後は、それまでに蓄積したアイデア・イメージメモから、自分が把握した課題の本質を図解化します。アイデア・イメージメモを分類し、それぞれに特徴的なキーワードを考え、そのキーワード間の関係や構造を考えることで、課題の全体像を描くというプロセスです。課題の全体像を図解やイメージ図で描くことにより、次の段階の仮説設定がやりやすくなります。

　図解やイメージで描く方法はいくつもありますが、一例として第 5 章の収斂発想法で説明されている「トライネット」を使ってみることができます。アイデア・イメージメモから抽出したキーワードを 3 つ選び、それを 3 つの極に配置したトライネットを描くことにより、テーマとキーワードの関係、キーワード同士の関係を考えることになります。そこで最初に選択したキーワードがしっくりこなければ、違うキーワードを使ってトライネットを描くということをくりかえします。

　そのなかで新しいアイデアや疑問点が出てきたら、それもアイデア・イメージメモとして記録しておきます。この段階のメモは、最初に作ったメモとは深さが違っており、より仮説設定に近づいたものになると考えられます。

　5 日目の午後は、仮説設定と発表です。これは 4 日目に実施した課題の全体像を把握した上で、何が解くべき課題かを設定する段階です。d.school のデザ

イン思考では、課題設定と呼ばれていたプロセスに相当します。4日目までにフィールドワークを通してテーマに関するさまざまな条件を肌で感じ、それを1つひとつアイデア・イメージメモに書き出すことにより、自分が感じたことを可視化します。そしてアイデア・イメージメモから課題の全体像を描き、そのうえで何を解くべきかを仮説設定という形で提案するという流れです。

仮説設定というのは d.school 発祥のデザイン思考でいえば、問題（課題）定義に相当する部分で、前述したように、解決しなければならない（したい）課題は何かを明確にするプロセスです。そのためにはコンセプト、ドメイン、スローガンの3つを意識すると良いでしょう。コンセプトは、なぜそれを解決する必要があるかの理由を含めた課題の全体像であり、それをどういった方向性で解決しようとしているかが含まれる場合もあります。コンセプトは文章ではなく絵で表すという方法もあります。ドメインは、その課題はどういう領域や活動に関わっているかを示し、スローガンは課題定義（仮説）を短い言葉で表す文章や単語をさします。

表 3-2 では授業内で発表するということを想定していますが、特定の地域でフィールドワークを行った場合は、その地域の住民の方々に結果を発表するという場合もあると思います。その場合は、この日程とは別に発表日を設定し、それまでにより内容を洗練させるということも考えられます。

3-3　週末を何回か使った社会人向けの研修会の例

表 3-3 に社会人向けの週末を利用したコトのデザインの研修会の設計例を示します。ここで示すのは週末の午後（13:00 〜 17:00）の 7 日間をかけての研修会ですが、それ以外にも多くのバリエーションが可能です。この場合も最初にあげた座学中心の授業設計と同じく、フィールドワークは研修時間外に実施することを想定しています。

表3-3　週末を何回か使った社会人向けのコトのデザイン研修会の設計例

	研修内容
1日目	チームビルディング、コトのデザインの概要説明 アイデア・イメージメモの説明
2日目	コトのデザインのプロセスの説明、不と±要因、マンダラ法 宿題：アイデア・イメージメモ 10 枚
3日目	問題と課題の捉え方、発散思考、ことば発想 宿題：アイデア・イメージメモ 50 枚
4日目	多様な視点からの情報の集め方、発散思考 宿題：アイデア・イメージメモ 100 枚
5日目	シーン設定に向けたデザインの発想、収斂思考 宿題：アイデア・イメージメモのグループ分け、タイトルづけ
6日目	図解化と仮説設定、収斂思考 宿題：プレゼンテーションの準備
7日目	プレゼンテーションと振返り

　社会人向けの研修会の場合、問題提起としてのテーマは、各参加者が抱えているものを持ってきてもらいます。その問題提起に対して、各参加者が生活のなかでフィールドワークを行いながら、コトのデザインの手法に従って、アイデア・イメージメモを 100 枚以上作成し、それを使って自分のテーマを見直していくということを行います。

　社会人向けの研修会でもグループワークは実施しますが、メンバーの取り組んでいるテーマは別々なので、一緒に考えることはしません。ただし、それぞれのテーマに関して、コトのデザインの各プロセスで、どのように考えているかをグループ内で話し、他のメンバーから質問を受けたりすることにより、1人では気づけなかったことに気づき、1人では考えつかなかったアイデアを思いつくような、互いのサポートを行うことを想定しています。

　そのため、1日目にはチームビルディングの実習を実施し、その後、コトのデザインの概要説明およびフィールドワークで気づいたことを書き留めるため

のアイデア・イメージメモとは何かの説明を行います。この講座では、アイデア・イメージメモを 100 枚以上蓄積し、そこから新しい視点を発見する（いわゆる「量が質に転化する」）点を重視しています。研修会のこれ以降の講義や実習は、アイデア・イメージメモを多様な視点で作成してもらうためのサポートという位置づけです。

　2 日目は、コトのデザインのプロセス全体の説明を行います。実習としては、アイデア・イメージメモを書く基礎となる、対象に対する不思議、不満、不安等の「不」の感情・思考や、プラス要素・マイナス要素を書き出す±法、およびマンダラ法を行います。テーマに対して抱く、「不」の感情・思考、およびプラスとマイナスのイメージを可視化することにより、アイデア・イメージメモを書くウォーミングアップをします。そのため、宿題として次回（3 日目）までにアイデア・イメージメモを 10 枚書いてくることが課されます。

　3 日目は、問題と課題の捉え方の説明をし、実習としてはことば発想法を行います。参加者は自分で持ってきたテーマがありますが、何を問題・課題として捉えてコトのデザインを行っていくかの再確認をここでします。そして、自分が持ってきたテーマや前回のマンダラ法で出てきたキーワードに対して、ことば発想法を使って、多様な視点からイメージを膨らませていきます。そのため、この思考は、発散思考と呼ばれています。宿題としては、イメージを発散させ多様な視点を得るため、アイデア・イメージメモ 50 枚を目標にします。

　4 日目は、発散思考の続きで、多様な視点からの情報の集め方の講義と実習を行います。前回はことばを中心にアイデアやイメージを膨らませましたが、今回は、別の視点（生活視点、デザインマネジメント視点）から、多様なアイデアを出すための講義と実習を行います。宿題は、発散思考を継続し、アイデア・イメージメモ 100 枚を目標にします。

　5 日目は、前回まで発散に向かっていた思考を逆転させ、収斂思考に切り替えます。講義としては、シーン設定に向けたデザインの発想ということで、今まで作成したアイデア・イメージメモから浮かび上がるシーンを想像・創造します。そのためには、アイデア・イメージメモをグループ分けし、タイトル（キーワード）をつけ、キーワード間の関係を考えることが必要になります。次

回までの宿題は、アイデア・イメージメモのグループ分け、タイトルづけを一通り完成させてくることです。

　6日目は、収斂思考を継続し、図解と仮説設定まで進みます。宿題で完成させてきたアイデア・イメージメモのグループ分け、タイトルづけから、わかりやすい図解化を考えます。この場合、利用できる図解としては、トライネット、ラディアルチャート、階層図などが考えられます。次回は最終回なので、宿題は、プレゼンテーションの準備をしてくることです。そのなかには、図解化および仮説設定を完成させることも含んでいます。

　7日目は、自分が作成した仮説設定に関するプレゼンテーションです。他者に説明し、質問を受けることにより、自分のテーマに対する理解を確認し、さらに改良する点がないかもチェックします。

　本章ではここまでに、コトのデザインのプロセスをどうやって授業や研修会に適用するかに関するいくつかの例を示しました。ただ、これはあくまでも例であり、参加者の目的や多様性、授業や研修会の期間および形態等が変わると、それに応じて変更しなくてはいけない点が多くあると考えられます。授業や研修会を企画する方は、是非、コトのデザインを体験的に学び、何が重要かを理解した上で、企画・運営していただけたらと思います。

3-4　コトのデザイン研修の効果

　2022 年の 10 月〜 12 月に、3-3 節で説明した社会人向けのコトのデザインの研修を実施しました。この研修は、最初 22 名の参加者でしたが、最終日にプレゼンテーションを行ったのは 13 名になりました。この研修の最初と最後に、効果測定のため、創造的態度の指標（Scale for Attitude toward Creativity: SAC）（林文俊 1998）と首尾一貫感覚（Sense of Coherence: SOC）（アントノフスキー 2001）の質問紙に回答していただきました。

　ここで利用した SAC には、下位尺度として、挑戦性・探求心、積極性・自信、持続性・集中力、独自性、好奇心、柔軟性、の 6 つが想定されています。

つまり、創造的態度を育むためにはこの6つの要素が必要になってくるという指標の作成者の考えが反映されています。また、SOCの下位尺度としては、把握可能感、処理可能感、有意味感の3つです。SOCはもともと健康になる要素としてつくられた指標ですが、SOCが高いことはストレス耐性が高いとも考えられるので、ストレス対処能力の指標としても最近使われています。

　SACを利用するのは、コトのデザインに関する研修で、創造的態度がどの程度のびるのかを見るためです。また、SOCはその人のなかの「安心度」をみるために使っています。まだ仮説の段階ですが、「安心度」がその人の創造性と関係があるのではないかと考えているためです。なお、ボウルビーの愛着理論（ボウルビー 1976）でいうところの「安心度」とSOCとは非常に高い相関がある（山川 2021）ことを確認しています。

　創造性の態度の指標（SAC）の結果は以下のようになりました。

表 3-4　創造性の態度の指標（SAC）の平均値（n=10）

	挑戦性 探求心	積極性 自信	持続性 集中力	独自性	好奇心	柔軟性
1回目	19.9 (5.3)	22.4 (5.5)	14.4 (6.7)	19.5 (4.6)	26.1 (4.8)	20.0 (3.6)
2回目	21.5 (5.4)	23.5 (5.3)	17.2 (8.5)	20.6 (6.0)	28.0*(4.5)	21.6 (4.9)

（括弧内は標準偏差、*p<0.05）

創造性の態度の指標では、すべての下位尺度で向上しており、特に好奇心は統計的にも有意に向上しているという結果になりました。

　次に、首尾一貫感覚（SOC）の結果を示します。

表 3-5　首尾一貫感覚（SOC）の平均値（n=11）

	把握可能感	処理可能感	有意味感	SOC 全体
1 回目	20.0 (6.9)	16.1 (5.8)	20.6 (6.1)	56.7 (17.3)
2 回目	21.3 (8.4)	17.7*(6.3)	19.8 (6.3)	58.8 (20.0)

（括弧内は標準偏差、*p<0.05）

　首尾一貫感覚では、処理可能感が 5% 有意で向上しているという結果になりました。

　この研修は 3 ヶ月にわたって開講されたものであるので、この結果が本当にこの研修の効果かといわれると、なかなか難しいところもありますが、参加者の周りでは様々なことが起こり、それが平均するとプラスマイナスがゼロと考えれば、コトのデザインの研修で、創造的態度の指標のうち好奇心を伸ばし、そして首尾一貫感覚のうち処理可能感を向上させたということがいえると思います。つまり、この研修は、創造性の態度と、その基礎となる「安心度」に何らかの影響を与えているともいえるのではないでしょうか。

3-5　質問ワーク

　コトのデザインを実施するためには、チームで実施することが必要な場合が多く、その場合、チームメンバーの信頼関係がコトのデザインによるアウトプットの質と密接に関係してきます。この章で紹介したコトのデザインの研修会においても、質問ワークの実習は重要な位置を占めています。そのため本節では質問ワークの実施方法に関して解説します。

【ねらい】
チームメンバーの信頼関係の構築と質問によって課題を探求する感覚を掴む。

【参加者】

3〜6人。

【時間】

1人分の課題に関して20分程度。最初に全員が自分の抱えている課題の説明をするのに1分×人数。

【準備物】

特になし。

【進め方】

(1) まず1人1分で、自分が解決したい課題に関して話す。

(2) 次に、誰（フォーカスパーソン：以下、FP）の課題に関して取り扱うかを決める（1分）。

(3) FPが、自分の課題に関して再度説明する（1分）。

(4) メンバーが質問を行い、それに対して誰かが答えるという形でワークを進める（10分）。

(5) メンバー全員がワーク中にキャッチした課題の本質を手短に述べる（FPが最後）（3分）。

(6) 質問ワークをして何を発見したかを話し合う（5分）。

(7) 時間があるようなら（2）に戻り、次のメンバーの課題に向き合う。

【解説】

質問ワークは、クエーカー教徒の「クリアネス委員会」、アクションラーニングの「質問会議」、ナラティブ・アプローチから生み出された「智慧の車座」などのエッセンスを取り入れた手法です。

課題と聞くと、つい解決策をアドバイスしたくなるのが人情ですが、このワークでは、アドバイスすることはNGです。これはアドバイスをされると、その関係性によっては、された側が安心ではいられなくなるためです。多くの場合、FP以外から質問が出され、FPが答えるというパターンで進むことが多いですが、その逆でも問題ありません。そして最後に課題の本質を話してみると、さまざまな視点から本質が語られ、最初FPが思ってもみなかったような課題の本質が見えてくる場合が多いです。

以上は、問いをどう立てると課題の本質に迫れるかを体感的に学ぶという点に関係したところですが、このワークは同時にチームメンバーの信頼関係を築くというところにも貢献します。それは、最初にメンバー各自が解決したいと考えている課題を話すということに関連しています。これはある意味、自己開示をするということにつながり、それを聞いている他メンバーは自己開示したメンバーに対して親近感を抱くことが多くなります。そして、ワークの最中には、質問によって課題の本質に迫るということを行いますが、質問はアドバイスに比べると、それをされる側を危険にさらしません。そしてさらに、質問をされることにより自分の課題を探求するという思考が回り出します。この経験は質問をしてくれたメンバーに対して、自分の協力者という感覚を抱くことが多いようです。

以上、質問ワークは、「チームメンバー間の信頼関係を高める」という点と、「問いを投げかけることにより課題の本質を探求する」という点で、チームで議論するための基礎をつくるものと考えています。

第3章のまとめ

(1) 座学中心の授業にコトのデザインを取り入れる例を説明しました。
(2) フィールドワーク中心の集中講義にコトのデザインを取り入れる例を説明しました。
(3) 週末を使った社会人向けの講座の例を説明しました。
(4) コトのデザイン研修では、創造性の態度と、首尾一貫感覚（安心さに関係があること）で向上が見られました。
(5) 質問ワークの解説をしました。

第4章

発想の基本

　問題解決（創造活動）において、モノ・コトの関わりなくデザインを考えて
いくには、発想を欠かすことはできません。連想を含めた発想がデザインの思
考母胎です。

　日々私たちは、大小さまざまな問題に遭遇しては「ああしよう、こうしよ
う」と対応し、手筈を整えています。仕事ばかりでなく、日々の食事や服装、
日常生活での整理、工夫、一日の予定など、思いを巡らせながら生活していま
す。この思いを巡らす思考は、私たちの日常的な連想による発想で、決して特
別な能力ではありません。この発想によって私たちは、日常的な問題を解決し
ています。デザインでの問題解決もこの日常の延長であって、発想は特殊な能
力ではなく、日常の思いつきや気づきの感覚と同じなのです。発想は日頃の感
覚だとわかると気楽に対応することができるようになります。

　さてデザインでは、対象を「見る」ことで「感じる」、感じたことから「思
い描く（想像）」、思い描く想像を通じて「成り代わる」、成り代わって考える
ことで「察する」とつながって、何らかの考えに至ります。この一連の流れが
デザインの思考です。この流れを言い換えると「観察（サーヴェイ）」「感受（セ
ンシング＆ワンダー）」「想像（イメージ）」「共感（エンパシー）」「洞察（インサイ
ト）」から「考え（アイデア or コンセプト）」になり、全ての段階に発想は付随し
ています。この流れを支える発想するためのその姿勢、視点や道具について、
この章では述べていきます。

4-1　発想の姿勢

4-1-1　まねびとまなび

　「まねび」と「まなび」は漢字で書くと「真似び」と「学び」です。大和言葉で、この「まねび」と「まなび」は同根だといわれています。我々の先祖にとって真似をすることと学ぶことは同じであったようです。学ぶとは真似をすることであるといっても良いかもしれません。ちなみに、私たちは言葉をどのようにして覚えたでしょうか。ひらがなに漢字、英語の ABC などのなぞり書き、まさに真似をすることで身についたのではないでしょうか。習字には、手本があります。学校などの書道ではその手本をそっくり真似ることで評価される臨書です。書道の世界では、手本を下敷きにしてしき写す学びの方法、模書もあるのです。美術工芸の世界でも、絵画では「模写」彫刻では「模刻」工芸では「ならい」の訓練があります。大変な修練、鍛錬が必要になりますが、先人の素晴らしい作品を真似ることで初めて理解できることがあります。一種の身体知です。世界最古の日本が誇る作庭記にも「……の景色を思わえて」と真似ることを推奨しています。海外に目を向けるとジャポニスム、つまり 19 世紀の欧米の日本趣味です。日本の芸術文化がジャポニスムと言われるように、欧米の芸術文化やブランドに大きな影響を与えています。ジャポニスムも模倣から始まった「まねび」なのです。

　このように私たちの学んできたなかばかりか日本の伝統分野や欧米でも「真似」をすること、すなわち「まねび」が「学び」につながっているのです。さてパクリという言葉をよく耳にしますが、掠め取ったり、盗用することはよくないことです。「まねび」はパクリとは違い、見本となる素晴らしいものごとを深く知った上で「何を」「何処を」「どのように」と、真似るのかの意味や内容を十分に考慮しなければなりません。そして、「まねび」が「学び」になることをしっかり把握し、認識をしていることが必要です。単なる模倣ではないこの「まねび」は、重要で大切な要素であり、視点であり、姿勢であって発想の根底なのです。

4-1-2 うつし

　「うつし」というと何を連想するでしょうか。また、漢字を1つ思い浮かべるとどんな文字が出てくるでしょうか。「写し、映し、撮し、移し」から「遷し」もあります。これらの漢字が示す意味は異なっています。創造活動ではそれぞれが大切な要素ですが、特に重要なのは「移し」です。

　さて発想は、五感を通して感知することが第一歩（イメージ構築）であり、アイデアを生み出す思考の出発点です。次に連想することから、脳裏に思い浮かぶ情景や像はさまざまに変換できます。この変換を積極的になすのが「うつしの発想」であり、想像や空想を促します。

　うつしの発想は、日本の伝統的な創造の方法であり思考です。イメージを変換して発想し、創造に至る文化を私たちはすでに持っています。例を挙げると伝統にある俳諧連歌です。連歌の世界は、前の句のイメージを変換して次の句にうつし変える高尚な連想といえるでしょう。縁語や掛け言葉も同様です。一方、身近な例は「しり取り遊び」です。多くの人が知っていて、体験もしている「しり取り遊び」は連想そのものです。子どものしり取り遊びを含めて、連想は思いつきから新たなイメージを映発させる思考方法なのです。うつし・映発の連想を積極的に行うことが、想像するイメージを広げ、多くのアイデアを生み出す根幹です。

　ポジティブに想像力を拡散するこの「うつし」の思考は、空想することから夢や望みにつながります。この望みを多様に思いを巡らす思考が発散です。発想での映発がデザインの発散思考を促し、仮説を作っていく支えとなり、踏み台になります。

4-2　発想の視点

　デザインの思考で連想と発想は土台です。連想と発想は、ほんのちょっとした認識の変換、視点の持っていき方や切り口を変えることが鍵となるポイントです。発想の視点を作る鍵が時間軸・空間軸・人の軸（XYZ軸）と身体軸で

す。この軸は、発想の土台となる視点を見出すと同時に、発想のあり方を客観的に捉えることにもつながります。

　発想の視点の変換と拡大は、XYZの座標を思い浮かべ、X軸を時間、Y軸を場や空間、Z軸に人を配して考えます。この3軸からイメージや想像する能力を掘り起こすと、さまざまな物事を思い出しやすくなり、気づきも容易になります。自分軸とは、自身の身体から連想して発想を促す視点です。

　これらの視点は、私たちが本来持っている連想や発想する力を復元させる手立てになります。座標軸に視点をうつして考えると、問題や課題の手掛かりやヒントが簡単に見つかり、創造活動における連想力と発想力は飛躍的に高まります。

4-2-1　時間軸（X軸）

　X軸に時（時間）を設定してから考えます。すなわち、時から人・物・事・状況・状態を思い浮かべて連想し、発想するのです。X軸の発想は、時系列での類推発想法（Time Flow (or Process) Analysis）にもなります。

　X軸の時とは、1日（朝・昼・夜・時間）、週（1週間）、1ヶ月、年間（12ヶ月）、春夏秋冬（四季）を時系列で捉えます。なお、動植物などの成長過程の時を含めると、一段と発想の幅が広がります。

　時の捉え方の2つ目は、移動している時です。散歩している時、乗り物に乗っている時、旅行している時、遊んでいる時、何らかの作業時など、活動や行動、移動をしている時間を切り取って考えてみます。行動中の所作行為や情景を想像すると、多くの問題や課題とすべきことが見えてきます。

　3つ目の時間軸の捉え方は、過去、現在、未来です。過去は昔日の事象から連想されることを、現在は今の時点で思いつくことを、そして、未来はありたい先々のことを思い描いて、夢や理想を想像しながら発想するのです。

　このように時（間）の経緯、経過から、人・もの・こと・状況・状態を思い浮かべていくと、いろんなことに気づいて発想が広がっていきます。

4-2-2　時間軸×空間軸（X × Y軸）

　Y軸には、場や空間を主に位置づけます。求める内容によっては行為を持って来ることもあります。X軸は基本的に時間系の軸として捉えることが多いですが、Y軸の設定は目的に応じて柔軟に変更しても構わないです。創造活動やデザインの思考では自由な発想を促すため、できるだけ型に嵌めたり、決めつけたりしないことが大切です。

　例えば、時間のX軸に対して、Y軸に家の玄関、廊下、リビング、キッチン、寝室、子供部屋などを配置して、課題やテーマに関する問題を発想できます。また、Y軸に通勤や通学のポイントになる場所を持ってきたり、仕事の業務内容を持ってくることなども可能です。問題解決につながると思われる場や空間と時間とを組み合わせると発想の基点や着眼点のヒントが拡大します。この着眼点の広がり持つことで、多様な発想とアイデアを得ることが可能になるのです。

　XY軸を直行させる組み合わせは、マトリックスになります。すなわち、マトリックスでの思考、発想に移っていくことができます。代表的な例は、新規市場と既存市場×新規技術と既存技術をXY軸としてクロスさせたマトリックスがあります。

　さて、XYの軸を直行させて4つの象限ができると、その軸は何を意味しているのかを設定する必要が出てきます。軸の種類は大別して3タイプ、①対比（対極）軸、②序列軸、③Yes-No軸です。直行する2軸の設定は、位置づから確認したい内容、そして、何を表したいのかを考えます。その軸どりの図に、検討したいことを位置づけて整理すると、論点が捉えやすくなります。なお、この軸どりの考え方は、多変量解析や数量化理論での分析時にも活用できます。

　ところで、身近なマトリックスとしてはスポーツのリーグ戦の勝敗表示が挙げられます。その他、このXYのクロス軸はカラーデザイン研究所のイメージマップ（ハード・ソフトとウォーム・クール）でもよく知られています。

4-2-3　時間軸×空間軸×人の軸（X × Y × Z軸）

　XYZの3軸で考える場合、Z軸には人を配して考えます（図4-1）。配置する人の最初は自分です。3軸のなかに自分自身を配置して、問題や課題を自分ならどうなのかと思いを巡らします。すなわち、XYの軸にZ軸を加えた平面を考え、この平面に自分を当て嵌め、Z軸を考えるベースにします（図4-1のグレーの部分）。次にZ軸平面をスライドさせて配偶者や親兄弟、子供から友人知人へという感じで着目すべき人のXY面を想定します。図のようにXYで捉えている平面をレイヤーのように捉え、Z軸の上下に自分以外の人を位置づけます。その位置づけに自分が成り代わって発想してみるのです。これは、問題や課題を考える場合の立体的な把握であり、空間的な捉え方です。マトリックスの立体版ともいえるでしょう。

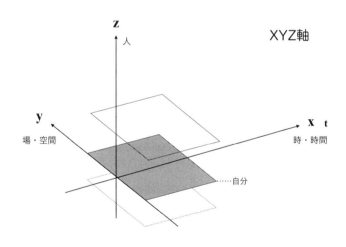

図 4-1　X × Y × Z軸

Ｘ×Ｙ×Ｚの軸の基本は、時間×場（空間）×人ですが、機会や操作など、解決に相応しいと思う内容を組み合わせて考え、発想してみると、新たな発見に結びつく可能性が出てきます。この思考方法や進め方は決めつけないで、状況や内容によって臨機応変で柔軟に組み合わせることから、発想の自由さを生み出せます。

4-2-4　身体軸（身体からの発想 4 つ目の軸）

　発想で忘れてはならない視点が自分自身から、身体からの連想です。Ｚ軸での自分自身のXY面をさまざまな面から連想し発想する考えに準じます。

　まずは自分の身体で、頭のテッペンから足先、外面から内面を思い浮かべたり、想像したりしながら発想するのです。次に身につけている物を考えていくとヒントになります。

　自分の身体、身に付けている物から身の回りの物、置かれている場、空間、そして、状況や状態、機会へと思い浮かべるエリアを広げていく発想の仕方です。この自分軸からの連想が発想の基本中の基本かもしれません。ただし、自分軸からの発想は、独りよがりになる危険性もあるので絶対視しないよう注意しなければなりません。

4-3　発想の道具（話し言葉、書き言葉、図、絵……）

　話し言葉に書き言葉、図、イラスト、絵、などは、私たちが特に意識せずに使っている道具です。この道具は、自分の考えをアウトプットし、確認をするため道具でもあるのです。

　図 4-2 に示した発想の道具は、私たちが生来持っていて、使ったことがあり、知っているものです。これを五感の観点から見ると、視覚にまつわるものが多く、次に聴覚で、嗅覚や味覚、触覚の種類は少なく感じます。日頃、特に意識してはいないですが、香りや舌触りや肌触りは、私たちには欠かせない感覚です。

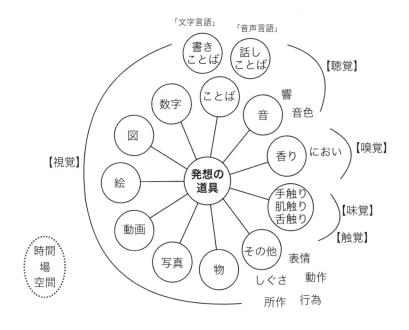

図 4-2　発想の道具

　一般的には論理を重んじて言語情報を優先するに傾向にありますが、デザインは五感による感覚的なものごとや情景（感覚情報）を大切にします。論理や数字は大切ですが、心からの納得には感覚情報が不可欠です。私たちは、論理的に理解できて、なおかつ、膝を打つような解決案には五感に訴える定性的要因や感性が含まれるからです。

　問題解決（創造活動）を行うにあたり、思いついたり気づいたりすることが発想です。その発想時、ことばにできることもあれば、言語化しづらいこともあるものです。ノンバーバルといわれるように、五感で捉える能力を私たちは、すでに持っています。この言葉にしがたい感覚的なものごとを喩えたり、

図や絵で表現、すなわち感じているイメージを描き出したり、身近な物で喩えたりすることです。勿論、写真や動画に音もあります。場合によっては、しぐさやジェスチャで、思いつきを表出することも可能です。

　再度述べますが、図4-2に表すように私たちは発想をするために多くの道具を持っているのです。同時にこの道具は、自分の発想を表現するためにも使えるのです。言葉にならない・できないような発想を私たちはすでに持ち合わせていることを思い出して使うことです。使うには、恥ずかしがらず子どもに成り代わることができれば、誰もが可能なことなのです。このように発想では言語表現にこだわらず、さまざまな対応方法を思いだし、子どものような姿勢での表現を見出せると柔軟になれるのです。

4-4　発想の記録

4-4-1　アイデア・イメージメモから発想（33ページ2-5参照）

　アイデア・イメージメモはサーヴェイの観察と発想の記録です。そこから連想してキーワードを見出して展開しては、記録を増やして充実させていきます。発想して思いついたり気づいたりすることや情景はイメージです。このイメージの記録が元になって、考え方が入ってきてアイデアになるのです。

　アイデア・イメージメモは、デザインプロセスを経ながら作成していきます。作成したアイデア・イメージメモがヒントになり、連想展開していくと、新たなイメージや考えが浮かび上がってきます。この浮かび上がった内容を次々とアイデア・イメージメモにしていきます。アイデア・イメージメモの枚数の増加とともに、表現の内容や質も変わってきます。初めのうちは、思いつくイメージのメモですが、時間と共に考え方の入ったアイデアになってきます。

　さて、図4-3はデザインのプロセス（図2-4）の「シーン設定（練る）」部分の詳細です。問題解決・仮説設定につながるデザインのイメージを広げ、考えを練り上げていくデザインの要の段階です。この要の起点になるのが、「アイデア・イメージメモ」です（造形デザインでは、文言も出しつつ、落書き的・下書き

的なスケッチを含めて何千枚も描きながら考えます）。このアイデア・イメージメモを作成していると、直感的にありたい願望や課題、解決に結びつくだろうと思われるキーワードに気づいてきます。その気づいた複数のキーワードをピックアップして記録します。

　図4-3はデザインプロセスで新たなイメージやアイデアが出て来る違いを3段階に分けて捉えたもので、アイデア・イメージメモの段階をph1・ph2・ph3と表記しています。［不・±要因］からの「アイデア・イメージメモ」がフェーズ1（ph1）であり、［願望・課題］での変換からの「アイデアイメージメモ」がフェーズ2（ph2）、そして構造化からの「アイデアイメージメモ」がフェーズ3（ph3）です。この3つのフェーズのアイデア・イメージメモの各段階の違いは、デジタル的に明確には区分できるものではないです。この3段階は、あくまでもアナログ的な移行であり、いつの間にか変化している感じであって、変化に意識を向けることが必要です。

4-4-2　記録からのキーワードの抽出

　最初のアイデア・イメージメモは、サーヴェイによる概観・観察からの感覚的な気づきを「不」や「±要因」として把握し、アウトプットすることです。このアウトプットは自分の直感からのイメージを含めた内容の置換、すなわち言語化です。この感覚を言葉に置き換える場合は、単語をポツンと書き出すのではなく、必ず動詞を含めて短文にするように注意します。短文にするのは、後になって「何をどう思ったか」「どこが何であるのか」などが少しでも具体的に思い出せるようにするためです。

　観察からの言語化は「まるで○○は○△だ」「○□は▽△と思われる」「◇△は▽△で嫌だ」「○□は▽◇だから好感が持てる」と言った表現です。キーワードとなる言葉は、この表現の○△などで表した部分にあります。同時にメモから、あって欲しい願望やあるべきだと思う課題も出てきます。このなかから、ポイントになるキーワードが何であるのかを考えて、ピックアップします。ここでもキーワードの評価は後回しで、直感的に選び出します。

　このように各フェーズでのアイデア・イメージメモからキーワードを探し

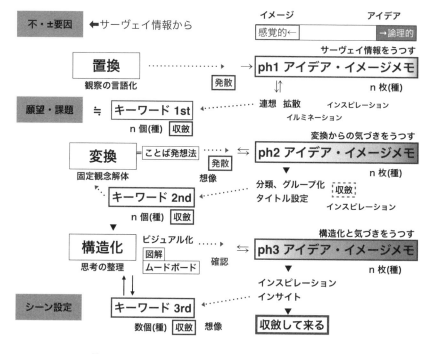

図4-3　アイデア・イメージメモの３つのフェーズ

て、いくつか抽出します。フェーズを踏まえていくと、なぜキーワードである
のかを説明できるようになって来るものです。すなわち、コンセプトになりそ
うだとか、提案の領域を表せそうなドメイン、スローガンとして使えそうだと
思われるキーワード（ことば）が見えてきます。

4-4-3　キーワードからのさらなる発想

　アイデア・イメージメモを作りながら、新たな問題や課題が出てくるもの
で、それらは気になる内容でもあるのです。この気になること、新たに出てき
た課題は言葉に置き換えながら、新しいアイデア・イメージメモを追加作成し

ます。溜まってきたアイデア・イメージメモを見直してみると、「これをする
べきだ」とか「こうしたい」という願望や課題が思いつきます。この思いつい
た内容の言葉化のなかにキーワードがあります。このキーワードをことば発想
法（第5章）を使って発想するとこれまで気づかなかった視点や解決のヒント
が現れてきます。ただ機械的・義務的にことば発想法を行うのではなく、面白
可笑しく楽しむ感覚で発想しながらその発想内容を見ているとキーワードがつ
かめてきます。キーワードも1つ厳選するのではなく、多数（少なくとも複数）
出しておきます。この段階での気づきのアイデア・イメージメモはフェーズ2
になってきています。

　さて、出てきたいくつかのキーワードの関係や関わりを図解してみると、自
分の考えていることが少し整理されて朧げながら見えてきます。この見えてき
た内容は、イメージや情景かもしれませんが図解からの発想です。この図解と
発想できた内容もアイデア・イメージメモにしていきます。さまざまなキー
ワード抽出と図解、図解からの発想をくりかえしていくと、いつの間にか思い
つきに論理や理屈が入ってくるものです。すなわちイメージからアイデアに変
化してきているのです。ここで作成するアイデア・イメージメモはフェーズ3
（ph3）になり、フェーズ1（ph1）と比べるとかなり論理的になっています。ア
イデア・イメージメモの各フェーズは、自分の思考の段階の外在化であり忘備
録です。そして、独自の発想のデータベースにもなっているのです。

　感覚的な段階のイメージを言語化（置換）し、その言葉ことば発想法で変換
していくと、また新たにキーワードがいくつか浮かび上がってきます。その
キーワードを図解化して、発想するこの一連のプロセスを経て問題や課題が明
確になり、テーマとすべき主題内容が明らかになってきます。このさまざまに
発想を展開させ、メモを貯める段階を端折ってしまうと月並みな考え方のデザ
インになりかねません。この段階を充実させることで、独自性を持った革新的
な考え方のデザインが見出せるのです（連想や発想の技法は第5章参照）。

4-5　発想と時間

4-5-1　連想や発想は 3 〜 5 分（1 ユニット）のくりかえし

　デザインでの連想や発想の時間は、1 回 3 〜 5 分のユニットを基本にします。この 3 分〜 5 分は、次々に連想し、発想する時間です。感覚的なイメージを映発させて、直感によって立て続けに連写する感じです。言い換えると、思いつくまま、気づくままです。発想した内容についての評価や良し悪しはまったく考えません。この段階では、アイデアを導き出すためのイメージを出しているのです。ちなみに、これはアートや造形デザインでのイメージスケッチに充当します。強いていえば、イメージスケッチは感覚的な描写です。対して、アイデアスケッチは表現に対する論理や思考が入ってきます。アイデアスケッチは、試行錯誤をくりかえした考え方を含んだ説得力を持つスケッチになります。

　ところで、不思議なことに私たちは、連想や発想をしながら 5 分以上経過してくると、発想内容について、現実的な必要性や良し悪し、意味の有無を考え出してしまいます。もっといい案はないだろうかといった意識も出てきます。この意識の様子は、理屈で捉えようとする論理を司る左脳が活動し出すようです。発想や連想を理屈で考えようとすると、思考が滞り、思いつかなくなってきます。発想を数多く出せなくなる場合は、論理や理屈で考えようとする思考パターンになっているように思われます。

　イメージが湧きづらく、連想や発想が苦しくなってくるのは、3 〜 5 分経過してからです。そのために、5 分ほど経過したら無理をして発想しようとしないことです。そこで、自分の発想した内容を客観的に見直してみます（論理脳）。グループで発想している場合は、互いに内容を見せ合いながら話し合います。話し合うと触発されて、新たにイメージが湧き出し発想が増幅します。

　発想は 5 分以内、発想内容の自己チェックやグループでの見せ合いが 10 分、トータル 15 分です。このパターンを数回くりかえして終了します。

4-5-2　発想と 15・45・90 分の法則

　15・45・90 分の法則によると、この時間は人が集中できる時間の単位だといわれています。TV 放送では、およそ 15 分でコマーシャルが入り、番組は 30 分から 45 分です。また、小学校の授業時間は 1 コマが 45 分、大学では 90 分です。スポーツでは、サッカーが前後半それぞれ 45 分のトータル 90 分、ボクシングは 1 ラウンド 3 分です。これらの時間から、私たちの集中できる時間と集中の質や度合いを押しはかることができるでしょう。15・30・90 分のなかで、最も深く集中できるのが 15 分です。さて、連想や発想は、15 分間通してできなくもないですが、雑念や理屈が出てきます。そこで、検討時間を含めて 15 分なのです。この 15 分間は、発想から検討を含めて、かなりの集中力が発揮できます。5 分＋ 10 分（1 ユニット）を 2 回で 30 分、3 回くりかえすとで 45 分となり、デザインの連想や発想を行う適切な時間です。つなぎや予備の時間を含めて約 60 分になります。ユニークな発想案や新たな切り口を見出し、思いを巡らすのにほど良い時間です。

4-6　発想の量と質

　発想すれば結論が簡単に導き出せるとか解決策が見つかると思っている人がいます。確かに、連想や発想によるアイデア出しで、ちょっとした気づきや思いつきから、時には解決に至るヒントが出てくることもあります。ところが、解決に見合う満足のいく質を得るには、時間と思考が必要です。

　「量質転化」という言葉があります。「量質転化」とは、量を積み重ねることが質を生み出し、納得に至るということです。ただ、闇雲に量を求めるのではなく、連想方法や発想時間のユニットを有効に活用することが肝要です。

　発想をくりかえしていると、幅広くいろいろと思いつくものです。その広がりから解決のアイデアにつながりそうなヒントが出て来ます。ヒントは解決に至るための情報です。さて、何事も情報量が勝負の分かれ目と言われているように、発想も質よりも、まずは数（量）を求めます。問題の解決に向けて、創

造的な思考を目指すならば、「量質転化（発想の量が質を生み出す）」ということを肝に銘じておくべきです。

　発想量を増やすには、3〜5分のユニットを1つのキーワードで数回くりかえしします（ここでいうキーワードとは、サーヴェイやアイデア・イメージメモを通じて解決の鍵となると思われる言葉で、名詞・形容詞・動詞などの単語です）。前段で述べたように検討を含めて15分を数回くりかえし、45分ほどで終えて、内容を放置しておきます。放置は孵化につながり、しばらくすると、解決に結びつきそうな妙案やヒント、新たなテーマと思うような内容が浮かんでくるものです。そして浮かんだヒントについて時間ユニットを意識し、また発想します。このくりかえしの発想展開は、イメージやアイデアを発散させる思考です。この発散思考をくりかえしていくことが「量」を生み出し、その発想量から考えが収斂してきて「質」が見えてきます。あくまでも、発想のスタート時や発想の最中に質を問わないでいるように意識することが大切です。

4-7　発想のアウトプット

4-7-1　イメージからアイデアへ

　私たちは、組織や地域ばかりか自分自身にも問題や課題を抱えています。問題や課題の大きさや緊急度などさまざまですが、どうしたら良いかと考え、思いを巡らします。この思い巡らしとは、最終的に「してみたい」「ありたい」「あるべき」姿や情景を想像しているのです。この想像する思考がデザインやアートでのイメージになります。初めに、このイメージがなければクリエイティブな創作活動はできないといっても過言ではないでしょう。イメージするとは、情景や像を感覚的に思い浮かべることです。感覚的な思いには、明確な考えや理屈はなく、憧れや夢や理想に近いことかもしれません。デザインは、この夢や理想のイメージから発想をくりかえしてアイデアに移行していきます。この移行段階における発想や思考から、解決に向けたアイデアと論理が育まれてくるのです。

例えば、壁画などの大作を制作する折は、イメージを作り持っていることは当然ながら、基礎データに当たるさまざまな資料とスケッチをできるだけ多く集めます。この資料収集に当たるスケッチはくりかえし行います。このくりかえしから習作を何点か作り出して検討します。この検討の段階で考えが入ってきて当初のイメージとは変わってくるものです。そして修正を何度もくりかえし、大作に至るのです。デザインの問題解決に至るステップも同様です。ここで大切なのは、丹念な情報収集とスケッチからイメージの問題点を確認整理していくプロセスです。このプロセスが発想の拡散と収斂によるアイデア・イメージメモの作成（33ページ 2-5 参照）に充当します。

4-7-2　Idea と Image

ところで、アイデアとイメージとは何でしょう。デザインでアイデアスケッチやイメージスケッチという表現を使いますが、その違いを明確には線引きしにくいものです。また、「何となく分かるけど……イメージできない」とか「アイデアは良いけど……イメージがちょっと違う」「イメージできるけど、アイデアが浮かばない」などと耳にすることもあります。

私たちはアイデアとイメージという言葉をよく使っていますが、この違いを子どもにもわかるように説明するのは結構難しいものです。Idea と Image を英和辞典で調べると図 4-7 のように訳されています。単純に捉えると Image は像であり、Idea は考えになります。イメージは心に思いかべる形状や色彩も含んだ印象、映像、画像です。一方アイデアは、知識、思想、着想といった考え方や論理の入ったものと捉えることができます。要するに、イメージは感覚的、感性的要素が多く、アイデアは考えや論理を含んでいるといえるのではないでしょうか。

問題解決（創造思考）のためにアイデアは欠かせないですが、良いアイデアを作り出すためにはまず最初に夢や理想、ビジョン、すなわちイメージを思い描くことなのです。

```
image··········    i 像、彫像、画像
                   ii よく似たもの[人]、象徴
                   iii 映像、影像、心像
                   iv 印象、概念

idea···········    i 考え、着想、考え方、思想
                   ii 理解、知識
                   iii 感じ、予感、直感、空想
```

新英和中辞典（研究社）より

図 4-4　アイデアとイメージ

4-8　発想をさまたげるもの

　創造力や発想力というと、芸術家や研究開発に携わる特別な人だけが持っている特殊な能力であると一般的に思われているきらいがあります。創造や発想する能力は誰もが持っているものですが、自らその能力に蓋をしたり、プロテクトしてしまっていることが多いです。すなわち、効率的な思考や常識が、私たちの発想力を阻害しています。何かを発想するにあたって「誰でも知っているだろう」「当たり前だから」「笑われるだろう」「これは必要ない」「無理だ」「不可能だ」「同じようだから」と自ら決めつけて、思ったことや気づいたことを出さないことがプロテクトなのです。

　また、アイデア出しなどで発想しなければならない時に「いい案を出さなければ」と構えてしまったり、「妙案を１つ出せばいい」といった思いが人によっては働いてしまうようですが、これも発想を阻害する考え方です。このように、私たちには効率的な思考が身に染みついています。この習性ともいえる、馴染んでいる癖を取り除かないまでも、発想する時は効率思考を仕舞い込んでおきたいです。なお、褒められたい、認められたいという意識は誰もが大

小間わず持っているものです。そこから、上手く、格好良く表現したいという見栄が少なからず出てくるわけですが、これらの意識も発想を阻害する要因です。

　関西のお笑いに世界で「阿呆になれ。阿呆になられへん奴はほんまの阿保や」などといいます。この言い回しは決して薦められる言い回しではありませんが、発想する際に通じるところがあります。すなわち、楽しく面白いアイデアを発想する時に「無理、無駄、無意味」などと判断してしまう常識的な思考やまじめさを取り外すように示唆していると思われます。

　自由な素晴らしい発想を求めている折に「まじめ」一辺倒では、杓子定規なことしか出てこず、逆に「不まじめ」では妙案などで出てくるわけがありません。「非まじめ」な状態、何事も決めつけることなくニュートラルな姿勢でいることが肝要です。例えば、料理など作る場合に、塩加減など適当に味つけをするのではなく、「良い加減」が必要なのと似ています。

　そして、子どもが何でも「問う」感覚を思い出し、「なぜ」「どうして」と自分に素直に問いかけることを含めて、この姿勢を意識することから発想の阻害要因を取り除くことができ、自由な思考と発想する力を取り戻すことが可能です。

第4章のまとめ
(1) 発想の原点は「まねび」と「うつし」です。
(2) 発想の視点は、時間×空間（場）×人ですが、それに自分軸から眺めることも重要です。
(3) 発想の道具は普段私たちが使っているもの（話し言葉、書き言葉、図、絵等）です。
(4) コトのデザインでは、発想を記録し、さらに記録から発想を引き出します。
(5) 良い発想をえるためには、発想の量が必要です。
(6) 効率的な思考や常識が発想の阻害要因です。発想をするためには「決めつけ」を外すことが一番と考えています。

第5章

コトのデザイン演習

　発想力を発揮するには、特別な能力が必要だと思われているようですが、スケジュールを立てたり、状況に応じて服装をどうするかなどと第4章で述べたとおり常に私たちは思いを巡らしています。この思い巡らす思考そのものが、連想であり発想なのです。特に幼少期から10歳ぐらいまでは、しりとりのように遊びながら連想や発想を楽しんでいました。さまざまなごっこ遊びにも「成り代わり」や「なぞらえ」「うつし」「まねび」という日本の伝統的な発想の思考が内在しています。

　問題を解決するためにアイデアが必要で発想しなければならないと考えると、私たちは構えてしまい、生真面目になり、硬直した思考になりかねません。あくまでもゲームや遊びの感覚が大切です。遊びや余興感覚で発想すると「非まじめ」「良い加減」が示唆する重要性や必要性、機微がわかってきます。

5-1　発想の導入（モジュール1）

　本章で紹介するのは、私たちが生来持ち合わせていて、積極的に活用していない連想や発想する能力を思い出し、確認するための段階と方法です。

M1-1 イメージしり取り（付け合い連想）

【ねらい】

連想力と発想脳の活性化。

【参加者】

基本的に1人で行う（ペアでのやり取りやグループで回す方法も可能）。

【時間】

5分（状況に応じて時間延長して10分程度）。

【準備物】

紙と筆記具（消しゴムは使わないこと）。

【進め方】

初めに氏名を記入。お題・テーマを最初に書き出してから始めます。テーマは、日常的な物事、らしさ、抱えている問題など、参加者がイメージできる内容であれば可能です。

① 1人の場合、次々連続して書きだす連想順がわかるように「→」を付ける。

② グループを作成して1つ思いついて書き終えたら右回りか左回りかを決めて一斉に時間内で回していく（矢印もつける）。

ペアの場合、相手が書いた内容を受けて、連想し1つだけ記入し、交換をくりかえす（グループの場合も同様）。

【終了後】

各自、連想した書き出しを数えて、連想数を欄外に記録。

書き終えたら、周りの人と見せ合い、気づきや感想など意見交換（10分ほど）。

【参考例】

筆者の大阪での幼少期に、次のような連想ことば遊びがありました。

「通天閣高い」→「高いは煙突→煙突は黒い→黒いは土人→土人はこわい→こわいはお化け→お化けは青い→青いは空→空は高い→高いは通天閣」と戻ります。また「青いから⇒青いは水→水はうつる→うつるは鏡→鏡はひかる→ヒカルは親父の禿頭」と大笑いして終わったものです（現在では差

別的といわれる文言が入っていますが、当時のニュアンスを伝えるために、あえて使用しています）。

【解説】

この連想はとても簡単です。1つのキーワードから関連するものを次々に思いついて繋げていくだけです。一種の「イメージのしりとり」ともいえるでしょう。

さて、たわいもない連想ですが、数を多く出すことで、連想する能力を掘り起こすことがねらいです。各自が想像して思いつくものはまったく自由であり、他人が否定することはできません。連想に時間をかけないでファーストイメージを次々とアウトプットし、できるだけ数多く連想していくことです。評価云々はありません。数を多く出すことで連想する能力を掘り起こして、あまり使わない発想する力を呼び覚まして復活させます。この連想では、直観やファーストイメージを大切にして、次から次へと連想することを重視します。

3分から5分程で終えたら、自分の思考プロセスを振り返ってもらいます。次々と連想している思考を振り返ると、イメージを司る右脳が積極的に働いていることがわかります。数多く連想できない場合は、左の論理脳で良し悪しを考えたり、理屈で捉えようとしている傾向があるようです。この感覚脳を優先させる訓練でもあるのです。

日時をおいてさまざまなテーマ（お題）をこなしていくと、徐々に連想数は増えて、発想力が育まれていきます。連想してイメージを広げて、空想することから想像する力を培っていくことの面白さや楽しさをきっと思い出すでしょう。なお、この連想・発想は、連歌の前の句を受けて次の句を詠む、付け合いにも通じるところがあるようです（共同研究者であった故村上直之氏の見解による）。

M1-2　○いモノ連想（丸い物を描く）

　○いモノを思い出して描くとても単純な演習です。発想と連想のスタートアップになります。

【ねらい】

連想と思考の柔軟性の確認。

【参加者】

1人で行う。

【時間】

3〜5分（参加者の状況を見ながら時間延長。＋5〜10分程）。

【準備物】

紙と筆記具

【進め方】

丸い物を思い浮かべ、できるだけ沢山描き出す。まずは、紙に描かれた〇に筆記具で描く。紙に描かれた丸がなくなったら、各自で〇を追加して、次々と描いていく。描くのは、基本的に絵、図、イラスト表現です。文言の併用もかまいません（文言のみはダメ）。

【終了後】

描いた数を最後に記入。周りの人と見せ合い、気づきや感想などを意見交換。もしくは全員自分の描いたものをデスクに置くなどして見て回る（人数にもよるが10分ほど）。

【留意】

① 上手く描こうと思わない。

子どものころの感覚を思い出し、子どもになったつもりで描くことです。幼児期から小学校低学年の頃までは、上手い絵を描こうとしていたでしょうか。

歳を経るにしたがって上手に描こうとして、手が動かなくなるものです。というのは、上手く描いて他人に褒められたいとか、逆に、バカにされたくない、下手だと笑われたくない、変なものを描くと叱られる（怒られる）、恥ずかしいなどとネガティブなマイナスの想像力が働くからです。

② 節約思考（効率的思考）をしない。

同じような物だから（同種類・同系統）だから、描く必要がないと決めつけないことです。たとえば、星から月、地球、土星と3種類ほどは大抵思い

ついて描きますが、少なくとも太陽系は 10 種類あって、何とか描けるで
しょう。コインも種類があり同様です。1 円、5 円、10 円……1000 円とサ
イズも模様も素材も違います。「コインのような」と「5 円のような」で
は想像が異なります。大きさや重さに色、素材、価値が違い、イメージや
ニュアンス、そこからの連想や発想の広がりや内容も変わってきます。常
識や無駄と思っている思考が発想や連想の阻害要因なのです。第 4 章の X
軸や身体軸からの思考が量を生み出すヒントです。

M1-3　葉っぱ連想（葉っぱを描く）

　いざ発想しなければならないと思うとなぜか私たちは、論理的に考えようと
固くなりがちです。この演習は、気軽に思いつくことから連想して、発想のし
方に気づくための演習です。

【ねらい】
自分の観察のあり方、連想と思い出し方の確認。
【参加者】
通常 1 人で行う。
【時間】
10 分。
【準備物】
紙と筆記具（ここでも消しゴムは使わないこと）。
【進め方】
時間内にできるだけ多くの葉っぱを描くことに集中する。
【終了後】
描き出した数を欄外に記入。周りの人と見せ合い、気づきや感想などを意
見交換。もしくは全員自分の描いたものをデスクに置くなどして、全員の
描いたものを見て回る（人数にもよるが 10 分ほど）。
【解説】
10 種類以上描けない方が多いです。終了後に思い出し方、連想の仕方を伝

えます。まずは、場所です。地上と水中、庭、公園草原。そして身近な冷蔵庫の野菜室、八百屋やスーパーの野菜売り場から花屋。次に時間軸で、タネから新芽と植物の成長。通勤通学途中。この視点を思い出せば、うまく描けなくとも 30 種類は思いつきます。同時に、なんとなく見ているだけで、詳しく観察してないことに気づきます。

M1-4　〇△□の顔（顔を描く）

　〇△□で描くのは、お絵描き遊びのようなものです。自分で絵を描くのが苦手だと思っている方に是非やってもらいたい演習です。

【ねらい】
描く能力を復活。
【参加者】
1 人で行う。
【時間】
20 分。各 5 分× 4 種（状況に応じて時間延長数分、時間短縮も可）。
【準備物】
紙と筆記具（B 以上の濃いめの鉛筆が好ましい。紙は A4 を 4 分割しておく）。
【進め方】
紙は縦使い。初めに氏名を記入。
① 左上の矩形エリアに〇だけで顔を描く。
② 右上の矩形エリアに□だけで顔を描く。
③ 左下の矩形エリアに△だけで顔を描く。
④ 右下の矩形エリアは自由に顔を描く。
【終了後】
周りの人と見せ合い、気づきや感想などを意見交換。可能であれば、全員自分の描いたものをデスクに置いて、全員の表現を見て回ります。この折、「まねび」の姿勢で概観します。他の人の表現で、自分が思いもつかなかったり、良いなと思ったりすることがあるものです。その、どこを真

似るか、何を真似るかです。真似ることで、自分の表現を広げる学びに結びつきます。ただし、真似る場合には確認が必要です。

【解説】

丸に「角がなければ丸い」「丸と感じれば良い」と連想を発展させて卵形や渦巻きへ飛躍したり、「3つ角があれば三角」と三角形の辺を曲線へと展開していく人がいます。他人と違うことをしたがるのは、世間でいうへそ曲がりとも取れますが、固定観念にとらわれない柔軟な思考の持ち主ともえるでしょう。発想では与えられたテーマと矛盾をきたさないように変化させていくのは、好ましい傾向です。丸・三角・四角と指定しているだけで正円・正三角形・正方形で描くようにと規定はしません。

日頃あまり気に留めない簡単な図、絵、スケッチは、コミュニケーションのツールになると同時に発想を広げる材料でもあるのです。

この方法は、かつて広告代理店の友人との話から思いついたものです。絵を描くのが大の苦手な彼が幼稚園の父親参観日に行った折、お父さんと一緒に絵を描こうがテーマだったそうです。周りの方々が子どもと一緒に楽しそうに描いているなか、自分は子どもに顎で差配しているだけで、恥ずかしいどころか冷や汗ものだったそうです。どうやったら絵が描けるようになるのかと聞かれて、〇だけで顔を描いてみろ、次に□だけで、ついでに△でと描かせてみたのです。すると友人は、こうやったら俺も絵が描けるんだと大満足でした。友人との会話が基になって、何でも自由に描くのではなく、ほんのちょっとした条件をつくることで、絵を描く苦手意識の克服につながったのです。

〇△□の類似例が美術の世界にあります。セザンヌは「自然のなかの全ての事物は、幾何学的形式……円柱、球、円錐で構成されている」と述べており、キュビスムのアートは自然界を球体、円柱形、円錐形で捉えて表現しています。この3つの形を側面からみると丸、四角、三角です。ちなみに日本で生み出されたといわれている五輪塔も丸と三角と四角で構成されています。

基礎演習の必要性

大切なのは、連想や描画で上手い下手や良し悪しを問わず表現し、発想の広がりの重要性や意味を改めて確認することです。

このモジュール1の演習は、実に単純で大人げない内容だと思われるかもしれません。知識や常識が身に付くにしたがって、生真面目で小利口になって、発想や連想ばかりか、問うことをもあまりしないようになってしまうようです。なお輪をかけて、この発想する能力を効率的思考によって制御したり、プロテクトしてしまいがちです。この単純で簡単な演習が実のところ発想力と連想力を引き出す足がかりなのです。

　くりかえしますがM1-1からM1-4は、子どものような感覚を思い出して実行することが大切です。幼少時の感覚的な思考の復活が、創造力を阻害する思考を外すための基本の基本になります。幼児や子どもが気ままに思いついたことを描く姿勢や問いかける様子を思い出し、子どもの感覚に成り代わってみると自分の自由さを取り戻せるでしょう。連想の方法とそのきっかけのつくり方を知識としておさえ、しっかり活用することで発想力は復活します。

5-2　ことば発想法（モジュール2）

　日本の伝統的なことば遊びは、日本のオリジナルな発想の方法です。ことばは複数の意味を持っていることが多いです。ある言葉からのイメージや想像する側面は必ずしも一致せず、相違があるものです。この点に着目した発想法です。

M2-1　語呂あわせ

　語呂あわせ（地口）は、ある言葉に同じ発音あるいは類似の発音を当てて、意味の異なる言葉を作る方法です。いわば「言葉遊び」です。「猫に小判」に対し「下戸にご飯」というように、雑俳の一種として江戸時代後期にも流行りました。

　トレーニングを「官僚」「商売」「円高」の3つのことばで紹介します。同じ発音を持ってくるのが基本ですが、もじった類似音で表現すると発想がより広がります。

《同じ発音を当てた例》

＊官僚

　⇒ 完僚　閑僚　冠僚　官良　官令　官領　換両　完魎

＊商売

　⇒ 渉売　娼売　SHOW 売　商拝　商敗　資要倍　志酔うバイ

＊円高

　⇒ 宴高　怨高　演高　円貴　円多寡　円駄貨　猿鷹

《類似の発音を当てた例》

＊官僚

　⇒ 官利用　管理よ！

＊商売

　⇒ 私用買　しようばい！

＊円高

　⇒ 永遠高　え〜んだっか？

このように、日本語の場合、漢字という表意文字の特性を活かすことで、発想にふくらみを持たせることができます。意味や面白さは、語呂を合わせてから考えます。

【ねらい】

連想と発想思考の柔軟性を確認し、培う。

【参加者】

基本的にグループ（4人程）で行う。発想作業は個別。

【時間】

3〜5分（基本）を数回くりかえす（2〜3回×5分、計15分＋α）。

【準備物】

紙と筆記具。消しゴムは使用不可。辞書。辞典。

【進め方】

① お題のテーマを記入。

② 1回目は、自分の知り得る言葉で語呂あわせを作成。

③ 終了後、数分仲間と見せ合い、参考やヒントを得たら、すぐに追加。

④ 辞書・辞典（携帯も良し）を見ながら、語呂あわせを追加作成。

⑤ グループで見せ合わせ、再度くりかえすかを検討。

【終了後】

グループで面白い、良いと思う語呂あわせを数点選び出し、意味を考えて発表。

【実例と解説】

＊日本では、外来語は多くの場合カタカナで表記しますが、漢字を当てた表示を見受けることができます。

　・コーヒー → 珈琲

　・インド → 印度

＊中国では当然のことながら外来語には漢字を当てています。

　・コカ・コーラ → 可口可楽（中国語）

＊芸名やペンネームにも語呂あわせの例があります。

　・エドガー・アラン・ポー → 江戸川乱歩

　・くたばってしめぇ！ → 二葉亭四迷

　・ダニー・ケイ → 谷啓

＊商品名や広告、ブランドにも語呂あわせを見ることができます。

　・クール宅急便 → 来る……クール

　・通勤快足（抗菌防臭靴下）

　・GU → 自由に着よう……ジユウ → ジーユー

＊歴史の年代や平方根の覚え方も語呂あわせです。

　・南都（ナント）は平城京　710年平城京

　・鳴くよ（ナクヨ）うぐいす平安京　794年平安京遷都

　・$\sqrt{2} \fallingdotseq 1.41421356$ → ひとよひとよに人見ごろ

　このように、私たちの身近なさまざまな分野で語呂あわせは使われています。語呂あわせは気楽に取り組める概念くずしです。語呂あわせを使えば、元

の概念よりもさらに問題対象の実態に近づけるかもしれません。また、まったく新しい発想へと発展することも可能です。

　語呂あわせによる新しい言葉が、より物事の本質をいい当てる的確かつ適切な表現に結びつくことができれば、心に訴える力も強くなるといえます。この語呂あわせは、当て字的な言葉遊びの要素を持った「ことば発想の基本」です。

M2-2　言い換え

　ある物事の概念を言葉でより的確に把握して伝えるために、同じような意味を持つ別の言葉で表現することがあります。物事の本質に近い内容を得るための１つの方法が、ことばの「言い換え」です。この方法を「言い換え発想法」と名づけています。

　言い換えとは、ある概念を表す言葉をほぼ似かよった言葉で表現する方法です。言語学的には同義語（同意義）・類義語（類似語）になります。ここでは、発想に着眼しているので、擬声語・擬態語までを含めて考えます。

　さて、言い換え発想の演習トレーニング例を紹介します。お題のテーマは「洗練」です。

　＊「洗練」の言い換え
　⇒上品　品位　品格　雅やか　エレガント　上流　典雅　本物　理知的　気
　　品のある　気位が高い　無駄がない　品がある　信頼感がある　ピカピカ
　　キラリ

トレーニング例から「洗練」にもさまざまな側面があることに気づけます。洗練でも「品位ある、雅な、エレガントな、無駄のない」などは、それぞれイメージが違います。このように視点を変化させ変換した意味をこの言い換え発想によって見出せるのです。

【ねらい】

言葉の意味や概念が持つ捉え方を広げて視点を変換。イメージの確認と共有。

【参加者】

基本的にグループ（4人程）で行う。発想作業は個別。

【時間】

3〜5分（基本）を数回くりかえす（2〜3回×5分、計15分＋a）。

【準備物】

紙と筆記具。消しゴムは使用不可。辞書・辞典。

【進め方】

① お題のテーマを記入。

② 1回目は3〜5分間、自分の知識から言い換えを行う。

③ 発想数を確認。終了後、数分仲間と見せ合い、仲間の発想から参考やヒントを得たら、すぐに追加を記入。

④ 辞書・辞典（携帯も良し）を見ながら、言い替えのことばを連想して作成。

⑤ 発想数を確認後、再度見せ合う、もしくは発表し合う。仲間の発想から参考やヒントを得たら、再びすぐに追加を記入。

⑥ 必要であれば、④⑤をくりかえす。

【終了後】

どのように発想数を増やせたかに思いを巡らす。次に、言い換え発想法と自身のイメージの拡大や視点の広がりの関わりについて考える。

【留意】

この言い換え発想で注意しなければいけないことは、具体的なものではないことです。言葉の持つイメージや概念から具体的な物事を連想し、発想する方法は次のことばによる見立て発想法になります。時折、混在することがあるので、言い換えは同義語、類似語、擬声語であるとの意識を強く持つことです。

M2-3　見立て

　ある物事をあらわす言葉を具体的な別のものにうつし代えたり、準えたりして表現する発想技法です。これをことばの見立て発想法と称しています。言語学的には隠喩（暗喩）になり、英語では Metaphor（メタファー）に充当します。

　代表的な実際の例は次の通りです。

　・月見うどん（玉子を月に見立てている）
　・黄色い声援（音声を色で見立てている）
　・白雪姫（白い肌を雪に見立てている）
　・マウス（コンピュータの入力装置をネズミに見立てている）

これらは、「〜のような」という直喩的表現をしないで、あるものを別のものでたとえています。この方法を言語学では隠喩（メタファー）と称しています。

　さて、M2-2 の言い換えで示した「洗練」を見立てた場合の演習トレーニングの例を次に紹介します。

　＊「洗練」の見立て（隠喩）
⇒伝統工芸　ブランド品　ダイアモンド　大理石　大理石のエントランス
　イタリア製のスーツ　スイス製の時計　ドイツ製の車　五つ星ホテル
　人間国宝の技　上品なマダム　品のある奥様　老舗の味　料理長の舌（味
　覚）　驚異的ロングセラーの推理小説

この発想は、上記の例のように具体的な他のものに見立てることです。人それぞれの経験や知識、感じ方や考え方の相違から発想するものはさまざまです。その人となりが発想から出てきて、個性・特性が現れます。

　【ねらい】
　ある言葉を別の具体的な物事にうつし代えて、イメージを広げる。イメージの違いの確認と共有。

【参加者】

基本的にグループ（4人程）で行う。発想作業は個別。

【時間】

5分（基本）を数回くりかえす（2回は行う）。

【準備物】

紙と筆記具。消しゴムは使用不可。辞書・辞典（携帯も可）。

【進め方】

①お題のテーマを記入、および②〜⑥までは言い換えの進め方と同様。

【終了後】

言い換えと同様に、どのように発想数を増やせたかに思いを巡らす。次に、見立て発想によるイメージの拡大や視点の広がりの在り方について考える。

【留意】

数が出なくなったら、一度別の言葉に「言い換え（同義語・類義語）」て、そこから具体的なものに見立てる方法です。例えば「洗練」の言い換えの演習トレーニング例に「信頼感のある」があります。この言い換えの「信頼感がある」ものを思い出して、見立てるのです。個人的主観や経験を交えると発想が広がります。「信頼感がある」から「高級な額縁に入っている絵」や「鶴屋八幡のじょうよう饅頭」などは個人的主観の一例です。この個人的主観を出すことで、初めて独自の発想の視点が見えて解ってきます。

なお、X軸の時系列から連想すると、さまざまなヒントが出てきます。同時に「〜な物、〜な事、〜な人、〜な状況、〜な状態」というように具体性を持たせると発想しやすくなります。さらにイメージを思い浮かべやすくするために、例えば「さわやか」の場合、「さわやかな形状」「さわやかな色彩」というように、行為・操作・機能・形態・場所・時間・機会・場・空間・環境などを想像することです。見立ての発想は、単語だけでなく、短文も交えて出し、なお、他人の発想をヒントにして広げ・深めていくようにします。

M2-4　逆発想法

　逆発想は、発想法の代表的なものの１つです。つまり、物事を反対側から見てみようという方法です。この逆発想は、M2-1 の語呂あわせから M2-2 の言い換え、M2-3 の見立ての応用術といっても良いかもしれません。M1 からM2 の発想の仕方を体得し、自然に活用できるようになっていることが好ましいです。しかし、問題や課題からダイレクトに逆発想してみることもできなくはないです。

　逆発想・反対をこの演習では、まず言葉としての反対語で考えます。反対語の正確な定義は、なかなか困難で、国語や言語学のなかでも異論があるようですが、通説としては次の３つに大別されます。

・反意義：意味が完全に反対のもの（上↔下、善↔悪、賛成↔反対）
・対応語：対応関係が明確なもの（親↔子、医者↔患者、暑い↔寒い）
・対照語：対照的に用いられるもの（夏↔冬、和↔洋、縦↔横）

ただ単に意味が反対というものだけでなく、対応するものや対照的なものまで含めた大きな枠のなかで、反対・逆を発想してみようという方法です。

　ここで、私たちの身近な逆の発想になっている諺の例は以下のとおりです。

・善は急げ↔急がば回れ
・二度あることは三度ある↔三度目の正直
・後は野となれ山となれ↔立つ鳥跡を濁さず
・蒔かぬ種は生えぬ↔果報は寝て待て
・柳に風↔売り言葉に買い言葉
・渡る世間に鬼はなし↔人を見たら泥棒と思え

諺は人の生き方への教訓といった形で、日々の生活に取り入れられています。このように私たちは逆発想にすでに親しんでいるのです。

　さて、次に逆発想の演習トレーニングの例を、これまでと同じ「洗練」で紹

介します。

・ストレートに発想した例
⇒野暮　がさつ　野卑　粗野　ダサイ　練れてない　格好悪い
・個人的主観や経験で発想した例
⇒コップ酒　自分の美的センス

　次に数が出なくなった場合です。まず「洗練」を他の言葉で言い換え・見立て発想をして、その逆を考えます（言い換え、見立てのトレーニング例を参照）。以下の言葉や情景が出てきます。

⇒下品　下級　無駄が多い　信頼感のない　品がない　偽ブランド品　　安物の額縁に飾られている絵

【ねらい】
ある言葉を逆の物事にうつし代えて、想像を広げる。逆視点の確認と共有。
【参加者】
基本的にグループ（4人程）で行う（1人でも可）。発想作業は個別。
【時間】
5分1回（基本）を数回くりかえす（2〜3回×5分、計15分＋a）。
【準備物】
紙と筆記具。消しゴムは使用不可。辞書・辞典（携帯も可）。
【進め方】
① お題のテーマを記入、および②〜⑥までは言い換え発想・見立て発想の進め方と同様。
⑦ 必要であれば、言い換えや見立てを行い逆を考える。
　なお、数が出なくなったら、「洗練」の逆をストレートに発想した例の「格好悪い」ものを別の物事に見立ててみます。
⇒かつての団体旅行の日本人　爆買い　酔うと必ず説教するうちの部長

このように個人的主観や経験を交えると思いついて、発想が広がります。

【終了後】

逆発想から出てきた言葉や情景によって、視点の広がりや変化から、新たな思考の現れ方について考え、思い巡らしてみます。

【留意】

目的は発想力を培い、発想量を生み出すことなのであって、全てにいえることですが、定義にこだわらないよう注意します。

【解説・活かし方】

逆の発想は固定観念を解放する手段であり、その代表的な方法です。例えば、「個性的で高級感のあるデザイン」を創ろうとするなら、逆にどうすれば「当たり前で安っぽいデザイン」になるかを考えるのです。そうすれば、必ず新しい側面が出てきます。

一旦、逆のことを考えて元に戻っても、元の地点より必ず求めている物事には近づいているはずです。思考の歩みがジグザグで混沌としているようであってもその分だけ幅広く、奥の深い発想が得られているのです。

さまざまな場面で何かに行き詰まったら、逆のことを考えてみたり、反対の言葉や概念を探していると解決のヒントが現れ、見えてきます。

下世話な例かもしれませんが、自分の組織や会社を良くしようというアイデアはなかなか出ないものです。しかし、良くない組織や悪い会社を考えるといろいろなアイデアが浮かびます。そして、再度この逆を想定すると良いアイデアが生み出せます。

M3-5　結合発想法

語呂あわせ・言い換え・見立て・逆の発想は、主に拡散の思考です。対して結合発想は、拡散した発想を収斂させるきっかけ作りになります。

さて、この結合発想法は M3-1 から 4 までの言葉の発想法で出てくる多くの言葉を利用して、別の言葉と結びつけます。言葉を結びつける、すなわち異なった言葉を結合させて発想する方法です。この方法では、ランダムに 2 種類（以上）の言葉を結びつけることで、新鮮なイメージを持つ言葉を創り出す

ことができます。

　言葉を結び合わせてイメージ創りを促すには、系統立てがないと、まとまりようがありません。そこで、イメージを浮かべやすくするために、結びつける言葉の最初の句を形容句、例えば、人々の欲求、希望、欲望に関わる言葉を置き、うしろに物、事、人などの対象語を並べてから、両方の言葉を次々に結びつけていきます。結びつけているなかから、ピンとくる（面白いとか興味をそそる）結びつき、もしくは、展開が見込めそうな一対の結合する言葉を見つけるのです。ごく当たり前の言葉同士の結びつきから新鮮な驚きを得られ、デザインの収斂につながる視点やアイデアが生み出せます。

　さて、結合発想には、次の3つの方法があります。演習トレーニングの例も同時に紹介します。

① 「一対多」結合：前の言葉が1つ＋後の言葉が多様。
　テーマを「花見弁当」で考えると「花見＋弁当」になります。弁当を4つのことば発想で変換して、多くの言葉を抽出して結合させます。
　語呂あわせ⇒花見便答、花見勉倒、花見返答
　言い換え⇒花見ランチ、花見にぎり
　見立て⇒花見学生、花見箱
　逆⇒花見晩餐、花見食堂

② 「多対一」結合：前の言葉が多様＋後の言葉が1つ。
　テーマは「趣味（的な）風呂」です。「趣味（的な）＋風呂」、「多」は前のことば「趣味（的な）」で、語呂あわせから逆までやって結合します。
　語呂あわせ⇒主身風呂、酒味風呂
　言い換え⇒道楽風呂、風流風呂、たしなみ（身）風呂、おもむき風呂
　見立て⇒カラオケ風呂、セーリング風呂
　逆⇒（無芸）大食→耐食風呂、暇風呂

③「多対多」結合：前の言葉が多様＋後の言葉も多様。

　テーマを「おしゃれな暮らし」「おしゃれ（な）＋暮らし」で前のことばと後ろのことば、それぞれを言い換えと見立てを主にして紹介します。

「おしゃれ（な）」	「暮らし」
⇒ stylish	⇒生活
ファッショナブル	世渡り
ダンディー	人生
遊びのある	家庭
個性派	家族
小粋	毎日
カッコイイ	life
飄々（とした）	生計
流行	家計
自分だけの	起居
新しい	ホーム
風流	ファミリー
主張	衣食住
新鮮	四季
……	リビング
粗野	隠遁
野暮	でこぼこ

前（左列）と後ろ（右列）にことば発想からランダムにことばを並べています。「多対多」のことば発想では、左右のことばそれぞれを片っ端から結合させて、これはと思うものを選び出します。「ダンディーな四畳半」を選ぶと、どんな空間だろうと想像を促してくれます。「小粋な隠遁」はどのような生活だろうかとイメージが膨らみます。

　【ねらい】
　概念を崩すこれまでにない言葉の結合から、新しい気持ち、考え方、発想

116

を引き出す。新しい概念（言葉）からイメージを作る。

【参加者】

基本的にグループ（2～4人程）で行う。

【時間】

20～30分。

【準備物】

紙と筆記具。辞書・辞典。

【進め方】

① お題のテーマを記入し、語呂あわせから逆までの4つの言葉発想を各自行う（各グループで時間などの進め方を相談）。

② メンバー同士、書き出した言葉を見せ合いながら、面白そうな結合のことば（こうあって欲しいとか、使えそうな）を各自で数種類を作成。

③ メンバーで見せ合い、興味深く面白いと思う回答を3、4種類程相談して選定（10分程）。

④ ホワイトボードなどに書き出し、コメント発表や口頭説明（発表者はグループ内で決定）。

【留意】

テーマによっては語呂あわせ、逆を使いにくい場合もありますが、可能な限り、四つの言葉発想を活用する方が視点の広がりを得られます。

テーマは現実の問題、時代や社会に関わる内容、あるいは目的に則した内容を検討して設定します。

【解説】

1982年に「おいしい生活」という、当時一斉を風靡した言葉がありました。「おいしい」と「生活」という言葉は、いわば異質な言葉の結び合わせです。通常「おいしい」は食べ物に結びつく形容詞ですが、この感覚的な"快さ"を感じさせる言葉を無味な「生活」という抽象語と繋いだ結果、新鮮な言葉として人々の心に届いたのです。この「おいしい生活」は西武百貨店食品館でのキャッチフレーズであり、顧客に食品館のニュアンスや雰囲気をとても上手く伝えた好例です。

かつての広告ですが、「生活美人」（総合スーパーのニチイ、現：イオン）、「やわらかあたま」（住友金属）、「くちびるヌード」（資生堂）、「夢街道」（サントリー）などがあります。商品名では、「ラ王」（日清食品のインスタントラーメン）、「画王」（パナソニックの大画面 TV）、「ウオッシュレット」（TOTO）、お米の「コシヒカリ」（越の国＋光かがやく）、「ササニシキ」（笹←七夕＋錦）。発展させたものでは、ブランドの「GU」、菓子の「じゃがりこ」、インスタント焼きそば「U.F.O」なども結合発想と言えます。

　実例からは、宣伝のコピーやネーミングといった専門技法と誤解されかねません。一般的に私たちが目にするものは、最終的な“かたち”になった商品やサービスです。開発に至る段階は見えるものがありませんし、伝える必要は少ないです。実例が広告や商品名に偏っていますが、提案するデザインのコンセプトやスローガンを創案できる可能性を持っている技法です。この結合発想法はデザインの新しい切り口、ユニークな視点や考え方を見出すために活用する方法です。

5-3　基幹的発想法（モジュール3）

　ここで紹介する発想法は、一般に知られていて、コトのデザインを進めていく上で効果を得やすく、扱いやすいものを取り上げています。
　基幹的発想技法とは、これまで述べてきた方法をベースにして、発想をより積極的に促すためのものでもあるといえます。図やグラフにしながら思いつきや気づきを導き出す発想と思考の方法でもあり、作業要素や要因がいくつか絡んできます。

M3-1　マンダラ法
　マンダラ法はマンダラート、マンダラチャートともいわれています（今泉浩晃氏が 1987 年開発）。この技法は、グラフィックデザインを行っていた今泉氏

の思考の道具であったようです。

【ねらい】
発想と思考の視覚化・外在化。
【参加者】
基本的に1人で行う。
【時間】
3 〜 5 分（1枚作成）。
【準備物】
紙（サイズは A5 〜 B6 程度で十分 or 図 5-1 に準じた 9 マスの印刷物配布）。筆記具（消しゴムは使わないこと）。
【進め方】
白紙の紙の場合、横 3 ×縦 3、合計 9 個のマス目を作成。
① 最初に、マス目の中心に解決課題やテーマを記入（記入日時、氏名は欄外でも可）。
②周りのマス目（8マス）に、中心の課題に関連した内容を思いつくまま書き込む（論理的に捉えようとしたり、深く考えないこと）。
③ 周りの 8 マスを書き終えたら、そのなかから 1 マスを選択する（考え過ぎずに直感で）。
④ 新たにマンダラ法の用紙を準備し、③で選択した語句を新しいマスの中心に書き込み、中心の言葉から思いつく語句を 8 個書き出す。
⑤ 最初のマンダラ法③で書き出した残り 7 つの語句を新たなマンダラ法の紙を出して、④をくりかえす（9 枚のマンダラ法シート完成）。
【終了後】
80 種類の語句を外観し、組み合わせや関連性、内容の関わりから思いつきや気づきによって解決の切り口を想像（アイデア）してアイデア・イメージメモを作成（思考の外在化・見える化）（5 〜 15 分）。
メンバーが複数の場合、気づきや感想などを意見交換（10 分ほど）。
【解説】（留意を含む）

M1-1 のイメージしり取りと同じように、解決課題やテーマにまつわる物事を思いつくままに、まずは 8 つ書き出せばいいのです。いいものを出そうとし、書き出す内容の良し悪しを考えてしまうことがあるものです。良し悪しを考え出すと、8 つ書き出せないものです。あくまでも、8 つの語句を書き終えるまでは理由や理屈を考えないことが肝要です。

さて、9 枚のマンダラ法を作り上げると、最初の課題やテーマに関わる内容の語句が 80 マス出来上がります。ここで、解決策や結論が出るのではありません。この 80 の案をベースにして、連想したり、組み合わせたりしながら、解決策を模索していくのです。解決策を模索するためのヒントや切り口になるアイデアを生み出せるわけです。ここからアブダクションに入りインダクション、ディダクションのくりかえしによって解決策を考え、フィニッシュに向かいます。

連想	想像	イメージ
場 空間	発想 （とは…、には…） 〈テーマ〉	言葉
時	図解	描く 書く

図 5-1　マンダラシート作成記入例

進め方の④で、例えば、図 5-1 のテーマ「発想」の 8 マスから"イメージ"を選び出します。新しい 2 枚目のマンダラシートの中心テーマは「イメージ」になります。新しい 8 マスにイメージから思いつく内容を「印象、五感、ニュアンス、心に浮かぶ、感じる……」などと書き出していきます。最初のマンダラの他の 7 マスの言葉も同様に実施します。全て書き終えると 64 種類の視点が出来上がりです。出た言葉と内容から連想や考察をしつつ、解決につながりそうな考えや経緯に思い巡らしていくわけです。すなわち、一種の収斂思考です（アイデア・イメージメモ化）。

さて、M2 のことば発想法は、数多く出すことを目的の 1 つにしていますが、マンダラ法を使ってまず 8 つだけ書き出すといった活用方法もあります。

なお、M1 のイメージしり取りや M2 のことば発想の方法を組み合わせて応用展開します。すると、発想による視点が広がり、これまでにないアイデアに辿り着く可能性が高まります。

M3-2　ブレインライティング（BW）法

BW 法はブレインライティング（brain writing）の略称です（旧西ドイツのホリゲルが 1986 年に開発、創案）。635 法とも言われます。635 とは、6 人のメンバーが 3 つの意見やアイデアを 5 分間で書き出すということです。この BW 法は発言する必要がないので、しゃべらないブレインストーミングといえます。

【ねらい】
短時間で多くの意見（アイデア）を得る。
【参加者】
基本的に 6 人で行う。
【時間】
5 分×6 回（30 分＋a）。
【準備物】
BW 用記入シートと筆記具（付箋活用も可）。

【進め方】

テーマ（課題）を提示、説明し以下のステップで進める（参加メンバー全員が図 5-2 の BW シートを持っていること）。

① 氏名、テーマ（課題）と実施日時などの必要なことを記入。

② テーマに関連する内容（解決・解消案、アイデアなど）で思いつく案 3 つ

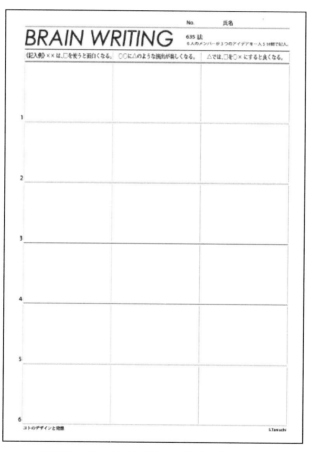

図 5-2　ブレインライティング（BW）シート

をシートの上段の最初の3マスに記入（文言及び図やイラストを含めても良い）（5分以内）。

③ 3つアイデアを書き終えたら、いっせいに隣の人に渡す（右回し・左回しを決めておく）

④ 前に書いた人の案（上に記入された内容）から連想し、思いついたアイデアを次の段のマスに記入（同感、賛成、それで良いなどは不可）。3マスを5分で終え、隣の人に渡す。

⑤ ④を人数分くりかえす。最初のシートが自分の元に戻ってきたら終了。（30分 + α）

⑥ 書き込まれたアイデアを読み込み、意見交換。（5 〜 10分）

【終了後】

読み込みと意見交換から解決案を想像して、メモする→アイデア・イメージメモシートを活用（10 〜 15分）。

【解説】（留意を含む）

6人で行った場合、1枚（1人）のシートに18種類のアイデア、6人全員で108種類になります。30分程で多くのアイデアを得ることのできる技法です。

次々と案（アイデア）を書き出すには、前に記入した人の記入案からヒントを得、その連想によってアイデアをつくり出します。この連想の思考は、M1の発想思考と同様であり、M1の応用・活用です。この前の人の内容アイデアを受けて変換していく発想の展開の仕方も連歌に似ているといえるでしょう。また、前の書き込みから連想しづらい場合は、元のテーマから新たなアイデアを記入しても構いません（2つ上からでも構わない）。要は、各自の思考の自由度を高め、連想と発想をしやすくすることが大切です。

回覧中に他の人の意見に印をつけることもあります。回ってきた意見・アイデアで、面白い・楽しい・良いなとか解決に結びつきそうと思われる書き込みに、何らかの印をつけます。印をつけることで、その案に対するポジティブな意見が付加しやすくなり、かつ、メンバー間の興味のあり方や視点を知りえることにもつながります。

【応用】

BW シートの各マス目に付箋を貼りつけて、アイデアを書き込む方法もあります。これは、終了後に意見・アイデアをグループ化したり整理しやすいからです。親和的にグループ化する途中でさまざまな考え方を出せ、最終的な検討や方向性を作り出すのに便利です。108 種類のアイデアを有効活用しやすい 1 つの方法です。

BW シートの別の活用方法は、M2 のことば発想との組み合わせです。3 つだけ書き込んで回覧するのですが、他の人のアイデアから視点の変換が容易になり、より発想が広がり豊かにもなります。

M3-3　＋－（プラス・マイナス）カード法

　このプラス・マイナスカード法は、対の視点から情報を集めてデータをカード化する 1 つの方法です。

　この方法は問題点をプラスとマイナスの要因、言い変えるとポジティブとネガティブの両面から捉える視点を持ちます。善と悪、優と劣や表と裏、右と左、上と下、内と外、ハレとケなど、基本は二項対立の概念、対の思考からの情報収集です。

【ねらい】
対立する視点でデータを集める。
【参加者】
基本的に 1 人で行う。
【時間】
20 〜 30 分（＋a）。
【準備物】
A4 シート 2 枚（プラスとマイナス用）、筆記具、（BW 法シートや付箋活用も有効）。
【進め方】
テーマ（課題）に基づく観察からの気づきをプラス要因シートとマイナス

要因シートに分けて記入。

⓪ サーヴェイによる観察。

① サーヴェイを通じて、感じたこと、気づいたことを対の視点で思い返す（5分以内）。多人数いる場合、数名のグループで各自の気づきを話し合う（10分）。

② ①の感じたこと、気づき、思いつきをマイナス要因から書き出す（5分）。

③ 気づいたプラス要因を書き出す（5分）。

④ 再度プラス・マイナスそれぞれを追加して書き出す。書いたものからの連想も可（5分）。

⑤ 書き出した内容を見直し、追加事項がないか、固定観念に囚われていないかを考える（5分）。追加内容があれば書き出す。

⑥ 一旦終えて、時間を置く（1時間から1週間）。

【終了後】

① プラスとマイナスの要因カードを1つずつアイデア・イメージメモのシートに移し替える（M4-2へ移行）。

② プラスとマイナスの要因を分類して、構造を検討し図解。→アイデア・イメージメモシートへ

③ この①と②から考察してアイデアを考える。①だけあるいは②だけでも可。

【解説】（留意を含む）

世の中や物事は多面的に捉えなければならないと耳にすることがあります。とはいえ、多面的・多角的視点を持つには、どのようにしたら良いのかはわかりづらく、対応しづらいものです。そこでまずは、単純にプラス面とマイナス面、対極する視点でアプローチしつつ、発想の思考を広げていきます。プラス要因とマイナス要因の図5-3は、プラスとマイナスの要因それぞれに含めて捉えている視点や切り口です。ちなみに、問題を不のつく内容（マイナス要因）から考えると比較的発想しやすいです。図5-3の表以外に対の概念へ広げて考えると、ハードとソフト、全体と部分、光と影、和と洋、内と外、大と小などと沢山あります。

プラスマイナスを自分の思考に当てはめることもあります。当然だとか、当たり前だと思っていることに、本当にそうだろうかと問い、逆を捉えると対の思考になり発想が広がります。このように柔軟に幅広く二項対立で問題を捉えると、発想が楽になり広がりを持てます。

【展開】

さて、老－若も対ですが、年齢で捉えると序列になってきます。シンプルとデコラティブも対極する概念ですが「とっても」「かなり」「やや」を付けると序列になります。序列を意識する場合は、「対比・対極」「Yes ↔ No」年齢や価格などの「序列」の3タイプの軸取りを考えて発展できます。ここまで来ると、SD法やデルファイ法にかわってしまいます。

【プラス要因】 ⇔	【マイナス要因】
良い	悪い
メリット	デメリット
長所	短所
利点	欠点
満足	不（満）足
	不平
真面目	不真面目
便利	不便
好い	悪い
優秀	劣等
美しい	醜い
きれい	きたない
GOOD	BAD
リッチ	プアー
粋	野暮
おしゃれ	イモ
カッコ良さ	カッコ悪さ
自慢	自嘲
誉れ	恥
	……
爽やかさ	
爽快	不快感
快適	深い
清潔感	
清潔	飢餓感
純粋	不潔
	不純
安全	危険
	危機
	アブナイ
安心	不安
納得	不思議
……	……
わかる	不明
見える	見えない
使える	……

図5-3　プラスとマイナスの要因思考例

5-4　収斂発想法（モジュール4）

　集まったデータを一度収斂させてから発想する技法です。データの関連づけや分類によって整理してから発想し、考えるのですが、分類しながらあるいは分類して思考する方法は数多くあります。関連樹木法やフィッシュボーン、小札法なども、データの関連や関係を考えながら発想し、思考する方法だといえるでしょう。

M4-1　ラジアルチャート法

　ラジアルチャートというとレーダーチャートを思い浮かべるかもしれませんが、ここでいうラジアルチャートは一種の相関図です。放射状に表現するのでラジアルと名づけています。

　自分のデザインを考える上で自身の人脈の再確認はポイントの1つです。ここでの説明はラジアルチャートでの人脈マップ作りです（62ページ図2-16参照）。

【ねらい】
自分自身の人脈作成と再確認。
【参加者】
個人で行う。
【時間】
10 〜 15 分（意見交換、質疑応答は＋α）。
【準備物】
無記入のラジアルチャートと筆記具（フリーハンドでのチャート作成も良し）。
【進め方】
中心は「自分の人脈」と記入。
① 氏名、作成年月日を記入（中心に記入しても良い）。
② 1の血縁から2の地縁、3の遊縁と右回りで記入（1項目1〜2分。10〜15分で終了）。

③記入した人脈のそれぞれの人の立場や能力、特徴に思い巡らす（特筆すべきことがあれば、忘れないように書き記す）（5分）。

④ メンバーがいる場合は、隣前後と見せ合って、人脈活用などに関して意見交換（質疑応答を含め1人5分）。

⑤ 記入人脈のその先の人脈を、わかる範囲で放射状に追加記入（5分）。

【終了後】

自分をデザインするポテンシャルを高めるために、人脈活用を考える。

【解説】（留意を含む）

自分自身のデザインを考える折、人脈は大切です。将来のありたいあるいは、あるべき自分の姿を想定した場合に、サポートしてくれる人は不可欠です。そのため、自分の人脈を抽出・整理して確認するために、この人脈図を作成します。人脈図は支援協力してもらえる可能性のある人がどこにどのようなかたちでいるのかを可視化でき、いざと言う時に対応しやすくなります。

さて、この人脈図作成で、1の血縁から右回りで書き進めていくのは、自分の成長過程を時系列から思い出して見直すためです。なお、最後の6番目の因縁とは、どこで知り合ったのかわからない、旅先や飲み屋で親しくなったなど、5番目の社縁までに含まれない人脈です。ちなみに、学生の場合は社縁をアルバイトに置き換えて設定すると良いでしょう。

次に、縁それぞれの人脈は広がりを持ってます。この広がりは、関連樹木法やマインドマップのように、書き記していきます。例えば、両親から祖父母で広がります。兄弟姉妹に叔父や叔母で、その先にどんな人が居て、紹介してもらえる可能性の有無などが重要になるかもしれません。その他、不義理をしている、連絡をした方がいいとか、相談などを含め自分のなかでの優先順位のあり方にも気づくものです。

なお、人脈を整理するには、ラジアル図でなければならないことはありません。人によって書きやすさや表現の得手不得手はあります。マトリックスでも関連樹木法やマインドマップ的でも構わないのです。要は、人脈を整理確認できることが大切なのです。

【応用・活用】

ラジアルチャートを人脈作成で紹介してきましたが、この図自体は他への応用が可能です。M2 のことば発想で、6 種類だけ書き出すこといった使い方もできます。なお、その 6 つの案から M1-1 のイメージしり取りを行うこともできます。このように、発想法を組み合わせていくことで、気づけなかったアイデアを見出せる可能性が高まります。発想をより発散させていく 1 つの方法です。

M4-2　過去回帰法

過去回帰法は、自分のデザインを考えるための 2 つ目の方法です。この方法は、自分の過去の人生を振り返り、生い立ちから自分自身を確認するためのものです（57 ページ 2-9 参照）。

この回帰図は、横軸が年齢（時間軸）、縦軸が良し（＋要因）悪し（－要因）です。

横軸目盛の単位は 1 年です。0 は生まれた時、6 が小学校、12 が中学校、15

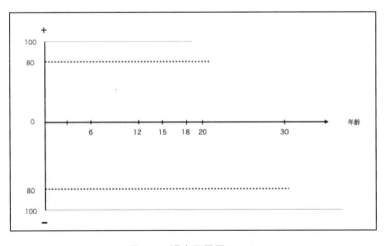

図 5-4　過去回帰図シート

が高等学校の通常入学年齢、そして、18、20、30と年代を記入しています。

　縦軸は上が＋100、下が－100で、上下それぞれ80の所に点線を記しています。過去の自分を振り返り、過去の最高と最低だと思う時期を基本的に80に設定しています。ただし、生死を彷徨ったとか九死に一生を得たというような場合は100に近いかもしれません。

【ねらい】
自分自身の特性を視覚化。
【参加者】
個人で行う。
【時間】
30分。
【準備物】
過去回帰シート（図）と筆記具、直定規。
【進め方】
始める前に、自身の現在から過去へと振り返り、さまざまな物事を思い出す。

① 自分の過去で、最も輝いていた（良かった）時と逆に最低だった、これより酷いことはないだろうと思われる時期を思い出す。

② 過去回帰シートに、①の良かった時と悪かった時の数値を考え、丸印（点）を付ける。

③ 0の生まれた時の位置は、親や親族から聞いていることを思い出して、プロットする。

　3〜4歳までの記憶もほとんどないので、聞き知っていることから上下の位置を想定してプロット。

④ 他の年代は、①②と比べながら、印をプロット。

⑤ 現在の年齢のところまで全ての年代に印をつけ終わったら、定規を使って印を1年ずつ繋ぎ、折れ線グラフを作成（しばらく時間を置いて、後で修正）。

⑥ 良かった時、悪かった時の理由や根拠を記入（付箋などを使う）。

少人数の場合は、全員が自分の過去回帰グラフを見せながら発表（1人3分）。人数が多い場合は、隣近所の人と行う（4人ほどが好ましいが、ペアでも良い。1人3分）。

※ここでマイナス関連のことについて話したくなければ伏せておいても構いません。

【解説】（留意を含む）

過去を振り返っての自分自身のグラフ化は、自分のことをより客観的に考えることができるようになります。過去回帰の作成後、少し時間を置いて、グラフの修正もあるでしょう。修正は、自身をしっかりと考察できて、再確認を深めることにつながります。

さて、ジグザグしたグラフの出来上がりは、自身を主観的に捉えている過去の浮き沈みです。浮き沈みのいくつかの頂点、すなわちプラスとマイナスの明確なところは大切な思考ポイントです。進め方の⑥で述べてますが、いくつかの＋とーポイントを「何故」「いかにして」とその時の状況をできるだけ具体的に、書き出すことが第一歩です。次に、グラフの下がった・上がった根拠や理由も書き記します。重要なのは、マイナスからいかにしてプラスに向かったかです。個々人は全て、マイナス点から移行した理由や根拠は違っており、その人だけが持っている独自のノウハウであると言っていいものです。すなわち、自分が苦しいところから抜け出す自分だけの方法が秘められているのです。逆にプラス点からの下降を考えると、注意しないといけないことになるでしょう。

影響を受けた経験や現象に知人や友人から人脈との関わりも見えてきます。これらを総合的に捉えて、自分をどのようにデザインしたら良いかのアイデアが浮かんできて、望みや課題が少しずつ明確になってきます。

プラスやマイナスに偏ったグラフになる人も出てきます。ある意味で楽観的あるいは悲観的な思考傾向にあるのかもしれません。対応策は、中心軸を上下にずらして、ポジショニングし直してみることです。どのように中心軸を移動させるか、再度、過去の良かった状況と良くなかった状況、し

いて言えばマイナスを再考してみることです。

過去回帰グラフからの記録に付箋の活用が有効な要因は2つあります。1つは、過去回帰を他人に見せる場合で、言いたくない、見せたくないことを外せるからです。全てをさらけ出せる人はいいのですが、そうでない人もいます。2つ目は、自分の課題やテーマを模索する場合、グループ化が容易であり、移動も簡単だからです。カードのグループ化と時系列での考察は、自分のなかで連綿とつながっている意識下の内容を掘り出しやすくするためです。

【利用・活用】

この過去回帰は、かつて学生の卒業制作や卒業研究のテーマ作りに活用していたものです。顕在化していない自分に通底している独自の課題やテーマを見出すことが目的でした。グラフ作成後に現在興味のあること、1年前、数年前と気になったことや影響を受けた物事を人を含めて思い出し、メモしていきます（メモには画像や写真などのビジュアルなものを含みます）。メモを溜め込んでくると、何となく「これかもしれない」「どうしてかな」との思考問答がくりかえされるなかから、キーワードになる言葉がいくつか出てきます。このキーワードをM1やM2の方法で発想を広げ、考察していくと自分独自のテーマが現れてくるのです。このテーマは、研究ばかりかライフワークに成りえるものであり、同時に、目標づくりになる可能性も秘めています。

自己紹介や面接の機会にグラフを元にして自分のことを述べることも可能です。マイナス要因に都合の悪いことがあれば、あえて述べず、プラスの面を主に話すことです。嘘は良くないですが、自分の恥じになるようなことは言わなくても良いでしょう。ただし、マイナスとプラスの要因をよくよく考えると、自分の欠点と長所は裏表の関係にあることもわかってきます。

このように自分の生い立ちを振り返ってグラフ化してみると、これまで些細なことだと思っていたことや忘れていたことから自分を掘り起こすことができ

ます。この掘り起こしから、自身の長所や短所が何であるのか、独自のノウハウや秘訣、意識下にありながら気づかなかったテーマや課題、自己アピールのポイントまで、幅広く自分を知ることができるのが過去回帰図法です。

M4-3　成り代わり発想法

デザインでは、成り代わって発想することから、さまざまなことを想像をし、考えることがあります。

共感発想は、対象となる人に成り代わって考えるのですが、これは解っていても、簡単にできるものではありません。共感は、どこまで相手の人に成り代われるか、感情（自己）移入・エンパシー（empathy）が心理学では重要だと言われています。まず、気楽に「もし自分が〇〇だったら」と想定してみることで始めます。

デザインを考える折り、イメージを膨らませるために「もし〇△なら」と想像や空想することがあります。時には妄想になっているかもしれません。この「もしも……」の発想思考は、自分だったらを含めて、人・物・事・状況や状態、時間帯などを移し変えて考えるわけです。

ここでは物に成り代わって発想してみる偽物化法を紹介します。アニメ映像や童話では、玩具や食器などの物が擬人化された表現があります。このように無機的な物が意志を持って話ができると想像し、イメージを膨らませて、自分がその物に成り代わって考え、発想します。ロールプレイングともいえるでしょう。

気楽に、面白楽しく成り代わってみることで、結果的に知識や観察の重要性の認識に結びつきます。

【ねらい】
想像力の養成と内省。
【参加者】
2人で行う。
【時間】

◆ 成り代わり演習　モノに成り代わって発想（擬物化。）

●演習概略
身近なモノに成り代わってインタビューに答える。モノがしゃべると想定し、二人一組でロールプレイング的に実施する（役割演技、成り変わり）。

◆プロセス
1. 各自、成り代わるモノを数種類ピックアップし記入する。終わったら、シートを交換（5分）。

2. インタビューは、数案の中から説明を想定したから、どの案が好ましいか、聞きたいかを検討し、序列化する（3〜5分）。

3. 二人相談の上、各自異なった一つの成り代わるモノを決定し数分、旧を付ける。

4. インタビューの返答のし易さ・し難さを保ませ、考えさせるなど想定、設問は10項目ほど（5〜10分）。
＊インタビュアーはフェイスシート的に「氏名、性別、出身地、生年月日、住所、職業など」に続いて「身長や体重」「成長の過程」「性格」「嬉しいこと」「困っていること」「悩んでいること」、あなたの「体は何」で出来ているか、あらかた「何から」できているますか」など、モノに聞いてみたい内容を考え出す。

質問項目は相手に相談しない。
どの様に、何を訪ねたら良いか（面白い・楽しい・喜ぶ・困る）を考えること。

5. インタビュアーは、設問に基づきインタビューしながら、回答を記入（5〜10分）。

6. I、IIが終わったらインタビュアーを交代。

7. お互いのインタビューを終えて、IIIの質問を考え作成する（5分程）。

8. 再度、交互に質問、インタビューを記録する。

9. インタビューから読み取れたポイントをIVにメモする（簡条書き可）、IIの回答欄に意見を付加しても良い。

A. 成り変わり者　No.　　　　氏名：
I. インタビュアー　No.　　　　氏名：

成り代わり対象物（決定案に○）I成り代わり対象案1〜5は、A. 成り変わり者が記入
1案：　2案：　3案：　4案：　5案：

I. 設問（口頭で質問） ＊インタビュアーが設問作成し記入	II. 回答（口頭回答を記録） ＊インタビュアーが記入	III. 回答への質問（回答を深める） ＊インタビュアーが記入	IV. ポイント ＊振り返って、感じたこと、気づき、アイデア、考え、etc ＊成り変わり者Aが記入

図5-5　成り代わり演習シート

45分。

【準備物】

成り代わり演習シート（図）と筆記具。

【進め方】

はじめに物に成り代わる偽物化について概略を簡単に説明します。

① 成り代わる物を考えて、シートの上段に数種類（3個あれば良い）を書き出す（3分）。

② 2人でシート交換。お互いに成り代わる物品の選定理由などを聞き合う（2分）。

③ 聞いてみたい、成り代わって欲しい物を1つ選定し、互いに相談確認して決定。但し、選択権はインタビュアー（3分）。

④ 図5-5の左欄 I. の設問を考え、10問ほど作成して設問を書く（10分）。フェイスシートに準じる内容は2〜3種。

⑤ どちらが先にインタビュアーになるかを決めて質問を始める。解答は、インタビュアーが II. の回答欄（左から2つ目の欄）に書き込む。5分でインタビュアー交代（5分×2人：計10分）。

⑥ 回答への再質問を作成（IIIの欄）。質問・回答への深掘り（新たに質問したい内容を含む）（5分）。

⑦ ⑥の設問に基づき⑤をくりかえす。回答記入はインタビュアー（5分×2人：計10分）。

⑧ 回答記入してもらったシートを交換。自分のシートのIV. ポイントの欄に回答を振り返り、気づくことを記入（5分）。

【終了後】

他のチームを含めて4人で感想、コメントを含め意見交換。

【解説】

偽物化の成り代わり発想は、幼少期のような想像力を復活させ、楽しみながら行える演習です。

設問作りで、嬉しかったことや楽しかったこと、悲しいことなど、喜怒哀楽や感情を尋ねることです。人に成り代わってエンパシーを獲得する場合

も、同様の内容がポイントになるからです。ここでも、困っていることを問うのも良いのですが、直接的ではなく、「不」を探るように意識することです。解答欄にも「○○かもしれない」と想像を広げられるようにしておくことです。

最初に聞くフェイスシート的な部分は、答え辛いものもあるので、あえて質問するかをしばし考えることも必要です。終了後に設問に入れたかったことを聞いてみると視野が広がります。

M4-4　トライネット法

トライネットは、デザイン双六、三極発想法ともいわれています。発案は池辺陽氏でデザイン双六といわれ、トライネットとの命名は森正弘氏、三極発想法と称されているのは佐伯邦男氏です。

【ねらい】
図解、体系化して発想。
【参加者】
個人で行う。
【時間】
15 〜 30 分。
【準備物】
トライネットシート（図 5-6a の文字の入っていないもの）と筆記具。
【進め方】
テーマや課題の三要素を考えて抽出し、中心のテーマを含め 10 個の内容をつながりや関連から適切な言葉を見出して作成する（図 5-6a を参照）。
① テーマの核となる 3 つの言葉を見つけ出し、図の A・B・C に配置する。
② A2・B2・C2 の語句を配置。中心のテーマと A、B、C をそれぞれを繋ぐ、または補完する言葉を記す。
③ A と B、B と C、C と A をそれぞれつなぐ内容の言葉を配置する。A-B の言葉は、A にも B にも関わる、間を取り持つ・つなぐ、つながりのあ

る内容の語句。同時に、A2 および B2 との関わりやつながりのある言葉でもある。B-C・A-C も同様。

④ テーマを含めて 10 の語句それぞれの関連の意味が通じて納得できれば完了。

【終了後】

複数メンバーで同一テーマの場合は、互いに作成したトライネットを紹介し合い、意見交換。次に、各自の作成したトライネットを基にグループ検討によるトライネット図の作成も可。ただし、グループ作成物を絶対視せず、自分の視点を大切にすること。

【解説】（留意を含む）

トライネットは、自分の思考を見えるようにする 1 つの方法です。

さて、世の中には、三要素や三種で一揃いの考え方や概念があります。三

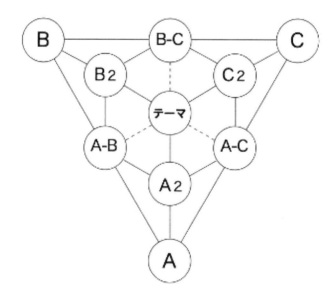

図 5-6 トライネット法

種の神器や三具足、色の世界では RGB、水の三態は固体・液体・気体です。心技体に真善美やギリシャ哲学のロゴス・エトス・パトス。その他、肥料、力や音、国家の三要素も聞き知っている分野です。身近なところではグー・チョキ・パーがあります。

トライネットでは三要素を新たに導き出す場合と既存の三要素を利用・借用する場合もあります。テーマの三要素を作り出すには主に M2 の方法を活用して、設定します。作成するトライネットの三要素の ABC 以外の残りの〇部分は、M2 の言い換えや逆をくりかえしていくと納得できる内容の言葉が見えてきます。ただし、このくりかえしの発想時間は、15 〜 30 分程度で終えます。この発想に長時間かけないで終えるのは、各部分の言葉のつながりに矛盾が出てきたり、納得できずに迷いが出て混沌としてくるからです。その対策は時間を決め、手を休めて気分転換することです。時間を置いて再確認したり、しばらく放置しておくと、不思議と整理されてきます。

図 5-7 は "会議とは" を述べるために作成したトライネットです。この三極は既存の「会議決行」を利用しています。会議決行の「行」は決議後の行動のことであり、会議の要素から外しています。「会する・義する・決する」が基本要素であって、この 3 つのキーワードを M2 ことば発想法の活用によって展開整理したのが図 5-7 の会議のトライネットです。

ところでトライネット自体は、一朝一夕に完成できるものではなく、思考錯誤しながら何日もかかる場合もあります。完成に至る途中のプロセスが、新たなデザインを考え、構築していく上で重要な思考、経緯です。この混沌とした経緯を経ることで、独自性のあるデザインの思考が培われ、生まれてくるのです。

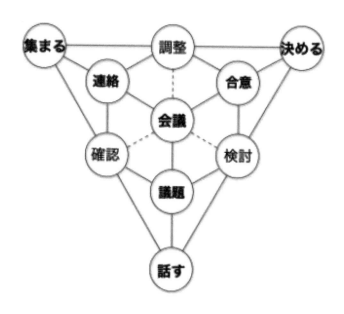

図 5-7　トライネット法の作例

発想法の展開

　ここで紹介している発想法は、デザインを思考しやすくする為の方法です。発想法は数多くあって、数100種類あるとも言われています。発想は方法を含めて人それぞれです。使い慣れた技法を用いながら、新しい方法を取り入れたり、技法を組み合わせて、独自の方法を作り出せればベストです。「こうしなければならない」などと義務的な思考で発想法を使うのではなく、本来的使い方を認識した上で、面白く楽しめるようにすることが肝要です。

　さて、発想技法によって問題の解決ができたり、解答が出てくるものではありません。発想法で、結論が作れると勘違いしないことを念頭に置いておかなければならないのです。発想法は、これまでにない新しいアイデアを見つけ出

して考えるためのものです。発想は解決に至る思考の切り口やヒントを見出し、あくまでも解決策を作っていくための方法であり手段です。

　たわいもない発想は、先入観や常識からテーマとは直接的に関係がないと思ったり、決めつけたるすることがあります。この先入観や自分の常識を外さないと、発想できないばかりか良いヒントやアイデアをも見出せません。発想をくりかえし、思考精度を高めていくために発想内容を構造化して、まず自分が納得できるようわかりやすくすることが大切です。わかりやすくするためのビジュアル化で、写真、イラスト、図解などの表現はデザインの思考する上で欠かせない資料になります。同時に仮説を説明するための材料にも成りえるのです。

第 5 章のまとめ

(1) コトのデザインで使える発想の演習を「発想の導入」、「ことば発想法」、「基幹的発想法」、「収斂発想法」の 4 つの分類でまとめました。
(2) 発想の導入としては、「イメージしり取り」、「〇いモノ連想」、「葉っぱ連想」、「〇△□の顔」の 4 つがあります。
(3) ことば発想法としては、「語呂あわせ」、「言い換え」、「見立て」、「逆発想法」、「結合発想法」の 5 つがあります。
(4) 基幹的発想法としては「マンダラ法」、「ブレインライティング（BW）法」、「＋－（プラスマイナス）カード法」の 3 つがあります。
(5) 収斂発想法としては、「ラジアルチャート法」、「過去回帰法」、「成り代わり発想法」、「トライネット法」の 4 つがあります。

おわりに

　本書の端緒は、デザインを専門とする谷内に福井県立大学の「デザインと発想法」という科目の講師を山川がお願いしたことです。デザイン思考を地域の問題解決型 PBL（Project-Based Learning）授業で採用していたこともあり、「デザインではどういう発想をするのだろう」という点に興味があり、山川は、ほとんど毎回授業に参加しました。そこで行われた講義が本書で説明されている「コトのデザイン」でした。

　この講義を聞いて、この方法論を埋もれさせるのはもったいない、是非世に出していろいろな方に使ってもらうことが自分の役割ではないかと考えました。パンデミックや戦争が起こり、先が見えない世の中になるなかで、発想やアイデアが大事ということは社会のなかで共有されているように思います。しかし、発想やアイデアをどう出すかという点は個人に任されていて、教育システムのなかで学んだという記憶はありません。発想やアイデアはそういうものだと考えていましたが、デザイナーの方々はデザインの仕事をするなかで、発想やアイデアを個人の努力に帰しているわけではなく、発想やアイデアを出すための方法論がある、という点が大きな衝撃でした。そして、その方法論は、デザイナーでなくても使うことができるという点も重要です。

　その後、社会人向けの講座を一緒に複数回開講し、フィールドワークが中心の授業のなかでも利用しましたが、方法論（doing）だけでは「コトのデザイン」はうまくいかず、それを使うマインドセット（being）が重要だということに気がつきました。これは第3章の最初にも触れていますが「自分の常識の枠を一旦はずす」という点です。たとえば社会人の場合を考えてみます。多くの場合、コトのデザインの講座に参加しても、その方が今までやってきた仕事の延長線上でコトのデザインを理解し、実践しようとすることが普通です。そうすると、アイデア・イメージメモを100枚「かかなければいけない」とか、

メモを使ってキーワードとして「まとめなくてはいけない」という考え方が頭をもたげてきます。そうするとコトのデザインを実践することが苦しくなり、脱落するか、適当にやるかの二択になったりします。

　コトのデザインのなかではよく「非まじめ」ということばが使われますが、「まじめ」でも「不まじめ」でもなく「非まじめ」に実践することが重要という意味です。これは、ある意味、コトのデザインのプロセスを楽しむということに通じます。仕事の場合「まじめ」に取り組むことが善とされていますが、その常識を一旦はずして「非まじめ」に楽しむという感じでしょうか。それ以外にも「こうしなくていけない」とか「こうであってはならない」という自分を束縛しているものから自由になることが、実はコトのデザインで一番重要なことなのかもしれません。

　こういった being に関しては、書籍のなかではなかなか伝えられませんので、オンラインでも受講できる講座を定期的に開催しています。講座の開催時期や詳細は、safeology 研究所のウェブページで掲載しておりますので、「safeology 研究所」で検索してください。なお、safeology 研究所は「安心をデザインする」をスローガンに、学習、健康、創造性をキーワードに、活動する任意団体です。

　最後になりましたが、この出版企画を通してくださった春風社の岡田幸一さま、そして編集担当の横山奈央さまに、この場を借りてお礼申し上げます。

参考文献

第1章

エンゲストローム , ユーリア（1999）拡張による学習，新曜社.

エンゲストローム , ユーリア（2018）拡張的学習の挑戦と可能性，新曜社.

シャーマ , オットー（2010）U 理論，英治出版.

白井俊（2020）OECD Education2030 プロジェジェクトが描く教育の未来，ミ
　　ネルヴァ書房.

ベイトソン , グレゴリー（1986）精神の生態学，思索社.

第2章

梅棹忠夫（1969）知的生産の技術，岩波書店.

多湖輝（1969）企画力，光文社.

尼ヶ崎彬（1990）ことばと身体，勁草書房.

川喜田二郎（1966）チームワーク，光文社.

川喜田二郎（1967）発想法，中央公論新社.

村上直之・谷貞夫・谷内眞之助（1991）見立て発想法，芸術工学研究所.

今和次郎集（1971）今和次郎，ドメス出版.

チャールズ・パース 米田裕二・内田種臣・遠藤弘編著（1985 ～ 1989）パース
　　著作集 1・2・3，勁草書房.

エリッヒ・ヤンツ（1968）技術予測，マネジメントセンター出版部.

J. A. シュンペーター（1977）経済発展の論理（上・下），岩波書店.

Luft, Joseph (1984) Group Processes: An Introduction to Group Dynamics 3rd
　　Edition, Mayfield Pub Co.

第3章

アントノフスキー , アーロン（2001）健康の謎を解く――ストレス対処と健康
　　保持のメカニズム，有信堂高文社.

加藤雅則（2011）自分を立てなおす対話，日経 BP マーケティング.

清宮普美代（2008）質問会議，PHP 研究所.

ドレスラー，ラリー（2014）プロフェッショナル・ファシリテーター，ダイヤ
　　モンド社.

林文俊（1998），創造的態度の測定尺度に関する研究：理工系男子大学生を対象
　　とした予備的検討，日本性格心理学会発表論文集，7 巻，pp.40-41.

ボウルビー，ジョン（1976）母と子のアタッチメント　心の安全基地，医歯薬
　　出版.

メイシー，ジョアンナ他（2020）カミング・バック・トゥ・ライフ，サンガ.

山川修（2021）Secure Base と情動知能および内発的動機の関係性に関する研究，
　　教育システム情報学会第 46 回全国大会講演論文集，pp.447-448.

第 4 章

尼ヶ崎彬（1988）日本のレトリック，筑摩書房.

稲次敏郎（1995）庭園倶楽部，ワタリウム美術館.

小池岩太郎 (1985) デザインの話，美術出版社.

樺沢紫苑（2017）神・時間術，大和書房.

森政弘（1984）「非まじめ」のすすめ，講談社.

吉川弘之監修，田浦俊春・小山照夫・伊藤公俊編（1997）新工学知 1・2・3，
　　東京大学出版会.

第 5 章

高橋誠（1990）創造開発技法ハンドブック，日本ビジネスレポート.

星野匡（1989）発想法入門，日本経済新聞出版社.

谷内眞之助（1997 〜 98）新しい発想シリーズ，月刊メタルワーク (Vol. 599~602,
　　605~611)，社団法人金属加工技術協会.

B. エドワーズ（1994）内なる画家の眼，エルテ出版.

佐伯邦男（1990）三極発想法，日新報道.

織田正吉（1961）ことば遊び，講談社.

海保博之（1999）連想活用術，中央公論新社.

西岡文彦（1995）図解発想法，洋泉社.

佐藤信夫（1992）レトリック認識，講談社.

索引

【著者】

谷内眞之助（たにうち・しんのすけ）［第 2 章、第 4 章、第 5 章を担当］
所属：safeology 研究所
専門：プロダクトデザイン、デザインコーディネート、発想論。
経歴：東京芸術大学美術研究科大学院デザイン専攻修了。芸術学修士。東洋ガラスマーケティング部を経て、神戸芸術工科大学附置芸術工学研究所にてデザインの発想の研究を行う。神戸芸術工科大学大学院、神戸女学院大学、神戸松蔭女子大学、金沢美術工芸大学の非常勤講師。福井工業大学デザイン科教授を退任後、福井県立大学にて非常勤講師として「コトのデザインと発想」を担当。現在、safeology 研究所にて「デザインの発想」を担当、オンラインセミナーを実施している。ガラスびん、ガラス食器のデザイン及び企画、ことば想像力開発プログラム TAAT、発見立て発想法（CD-ROM 含む）の研究出版、地域おこしの一環として間伐材アートのデザイン制作、アートビアガーデンの制作及びコーディネートに携わる。神戸ビエンナーレ実行委員会委員及びディレクターを務める。

山川修（やまかわ・おさむ）［第 1 章、第 3 章を担当］
所属：福井県立大学学術教養センター教授
専門：学習科学、教育工学
経歴：名古屋大学大学院理学研究科物理学専攻終了。理学博士。その後、高エネルギー物理学研究所、日本ビジネスオートメーション（現、東芝情報システム）、福井県立短期大学を経て 2007 年より現職。現在、自律的学習者をささえる内発的動機づけの大本にある「安心さ」に興味を持ち、社会情動的スキルを向上させる観点からの実践と理論化に取り組んでいる。

コトのデザイン
—— 発想力を取り戻す

2023 年 3 月 28 日　初版発行

著者	谷内眞之助 たにうち しんのすけ　山川修 やまかわ おさむ
発行者	三浦衛
発行所	**春風社** Shumpusha Publishing Co.,Ltd. 横浜市西区紅葉ヶ丘 53　横浜市教育会館 3 階 〈電話〉045-261-3168　〈FAX〉045-261-3169 〈振替〉00200-1-37524 http://www.shumpu.com　✉ info@shumpu.com
装丁	矢萩多聞
印刷・製本	シナノ書籍印刷株式会社